Robert van de Weyer

Die wunderbaren Geschichten
des Wanderweisen

D1662383

HERDER spektrum

Band 5626

Das Buch

Was wäre das Leben ohne Geschichten, die man sich erzählt, witzige, traurige, weise, schaurige, lustige und kluge? In jeder Tradition und Kultur gibt es Geschichten, Fabeln, Parabeln, Legenden, die die Weisheit und die spirituellen Werte dieser Kultur in sich tragen und weiter vermitteln. Und alle spirituellen Traditionen kennen weise Menschen, Narren, die die Wahrheit wissen, umherziehende Wanderer, die Menschenwitz, Weltweisheit, Lebensklugheit und spirituelle Einsicht miteinander verbinden. Manche dieser Weisen aus aller Welt haben einen Namen, noch öfter sind sie namenlos. Sie gehören keiner Kirche oder Religionsgemeinschaft an, ihre religiösen Verpflichtungen binden sie nicht an eine Institution.

In bestimmten Gegenden der Welt ist diese Art des Geschichtenerzählens noch lebendig, und es gibt vier Kulturkreise, in denen es eine zentrale Rolle spielt: im Taoismus, Sufismus und in der keltischen und chassidischen Tradition. Aus diesen Quellen stammen die über siebzig Geschichten dieses Buches, und sie erschließen zeitlose Weisheit und einen Kulturen verbindenden Witz mit erstaunlicher praktischer Lebensklugheit. Der Weise wandert durch die Welt, er ist immer am rechten Ort – und weiß eine Antwort, gibt einen Hinweis, hat eine Idee, die die unglückliche oder verfahrene Situation verwandelt. Geschichten, die in ihrer Einfachheit unmissverständlich und treffend sind, Geschichten, deren Ausgang man mit wacher Aufmerksamkeit verfolgt und die man nicht so schnell vergisst.

Der Autor

Robert van de Weyer, Autor und Herausgeber von mehr als 40 Büchern, ist Geistlicher, der sich der Einheit aller Religionen verpflichtet sieht. Er lebt in England in der Nähe von Cambridge.

Robert van de Weyer

Die wunderbaren
Geschichten des Wanderweisen

Wie das Leben leichter wird

Aus dem Englischen von Gottfried Rösch

HERDER
FREIBURG · BASEL · WIEN

Originally published in English by
© O Books under the title „The wandering Sage"

Gedruckt auf umweltfreundlichem,
chlorfrei gebleichtem Papier

Originalausgabe

Alle Rechte vorbehalten – Printed in Germany
© für die deutsche Ausgabe:
Verlag Herder Freiburg im Breisgau 2005
www.herder.de
Herstellung: fgb · freiburger graphische betriebe
www.fgb.de
Umschlag: © Picture Press
Umschlaggestaltung und Konzeption:
R · M · E München / Roland Eschlbeck, Liana Tuchel
ISBN 3-451-05626-7

Inhalt

Vorwort

Auf den Spuren des wandernden Weisen

Wenn ich an den wandernden Weisen denke, stelle ich ihn mir manchmal vor im Kernland des Sufismus im Mittleren Osten. Das erste Mal bin ich dem Sufismus während eines längeren Aufenthaltes in Afghanistan im Frühling 1969 begegnet. Das antike Fahrzeug, mit dem ich unterwegs war, fiel endgültig auseinander, und ich war für eine Woche in der Wüste zwischen Herat und Kandahar gestrandet. Glücklicherweise konnte das Fahrzeug eine Bergstraße hinunterrollen zu einer Gruppe von Lehmhütten in einem Tal, die als einfaches Motel dienten. Eines Abends kam ein wandernder Sufi zum Speisesaal des Motels – ein großer Raum mit Teppichen auf dem Boden und einem offenen Feuer in der Mitte – und unterhielt die Gäste mit Geschichten und Aphorismen. Ich kann mich an das lederne Gesicht des Mannes noch gut erinnern, es war ausgetrocknet und runzlig durch die Sonne des Sommers und die Stürme des Winters, und an seine funkelnden Augen, die rot geworden waren durch den Sand, der ständig in sie hineingeweht worden war.

In den vergangenen Jahren hat der Mittlere Osten jedoch eine Folge politischer Wirbelstürme erlebt. Ich möchte mir vorstellen, dass Sufis weiterhin von einer Stadt zur nächsten ziehen, von einem Dorf zum nächsten, und dabei militärische Absperrungen und terroristische Banden ignorieren. Wenn sie es machen, gibt es wenig Aussicht auf unschuldige Reisende aus dem Westen, die ihre Worte hören. Auf absehbare Zeit können wir also dem wandernden Weisen in diesem Teil der Welt wenig folgen.

In den späten 1960ern wurde China vom Wirbelwind der Kulturrevolution erfasst, angestoßen vom Vorsitzenden der KP Mao. Später, im Jahr 1969, belegte ich einen Kurs in Chinesischer Philosophie und begegnete zum ersten Mal den großen taoistischen Denkern. Ich wollte nach China reisen und selbst das Land sehen, in dem sie gelebt und gewirkt hatten. Aber obgleich ich in meinem jugendlichen Leichtsinn gerne mein Leben riskiert hätte, es war unmöglich, ein Visum zu bekommen. Heute versucht die chinesische Regierung, Touristen anzulocken, und es ist an vielen Orten, die man mit dem Taoismus verbindet, leicht, sie zu besuchen. Als Besucher würde ich versuchen mir vorzustellen, wie Laozi und Zhuangzi in der örtlichen Bevölkerung ihre paradoxen Bemerkungen machen, und wie sie besondere und unerwartete Dinge tun, um ihre Lehre zu illustrieren. Allerdings vermute ich, dass es unglücklicherweise dem Besuch seine spirituelle Kraft rauben würde, wenn man im taoistischen Kernland nach einem Langstreckenflug ankommt. Oder vielleicht will ich einfach nur meine Vorstellung nicht durch die Erfahrung beschmutzen.

Der Ort, an dem der westliche Reisende auf jeden Fall am bequemsten den Spuren des wandernden Weisen folgen und am ehesten Bilder von ihm heraufbeschwören kann, ist Irland. Mein erster irischer Weise war weder ein Wanderer noch ein Mann. Sie hieß Gertrude, die unglaublich fette ältere Dame, die für meinen allein lebenden Onkel bei Dublin kochte. Als meine Eltern mich in den 1950ern zu Onkel Charlie brachten, fand ich regelmäßig den Weg in die Küche, wo Gertrude mich mit Kuchen fütterte und mir Geschichten erzählte. Später entdeckte ich viele dieser Geschichten in Sammlungen, die Gelehrte im 19. Jahrhundert zusammengestellt hatten, nachdem sie abgelegene irische Gemeinschaften besucht hatten. Ich bezweifle, dass Gertrude jemals diese Sammlungen gelesen hatte, also nehme ich an, dass sie die Geschichten auf die Art gehört hatte, wie sie seit Jahrhunderten weitergegeben worden waren – vor schwelenden Torffeuern an dunklen Winterabenden. Und viele der Geschichten handelten natürlich von einem wandernden Weisen.

Nach ungefähr einer Woche mit Onkel Charlie, gehörten zu diesen Familienurlauben gewöhnlich auch eine Tour zu verschiedenen Freunden und Verwandten. Das waren hauptsächlich heruntergekommene Mitglieder der anglo-irischen Aristokratie, und sie lebten in großen, kalten und halbverfallenen Häusern. In vielen Fällen hatten sie sich in einen Flügel des Hauses zurückgezogen und überließen den Rest den Mäusen und Spinnen; und sie ließen sich von loyalen Butlern und Lakaien, Haushältern und Zofen bedienen. Jeden Tag zogen wir nach dem Frühstück los, mit eingepacktem Mittagessen und einer Thermoskanne Tee, in unserem Morris Traveller, einem Auto, das mit seinen hölzernen Verstrebungen gebaut war wie ein Tudor Haus. Wir besuchten dann viele der Stätten, die mit den Weisen in Verbindung gebracht werden, deren Namen bis heute erinnert werden. So gingen diese Orte und Gertrudes Geschichten in meinem Kopf eine Verbindung ein und formten ein zusammengesetztes Bild vom Leben des wandernden Weisen.

Wenn Sie erwachsen sind, kann ich Ihnen nicht dieselben phantasievollen Erfahrungen versprechen, die ich als Kind genossen hatte. Auch kann ich nicht versprechen, dass die Plätze, die ich als Kind besucht hatte, von denen damals die meisten abgelegen und überwuchert waren, noch dieselben sein werden. Im Gegenteil, viele von ihnen sind für Touristen hergerichtet worden, die jetzt zahlreich nach Irland kommen; und die Landschaft um die Orte herum ist immer wieder unterbrochen von den Villen im Mittelmeer-Stil, die die wohlhabenden irischen Familien zur Zeit so mögen. Nichtsdestoweniger haben sie meist ihre Fähigkeit bewahrt, die Seele zu berühren, Frieden oder auch Unruhe zu bringen, je nachdem was man gerade braucht. Einige will ich hier gerne empfehlen.

Südlich von Dublin ist Glendalough, wo ein Weiser mit Namen Kevin lebte. Es ist ein bewaldetes Tal mit zwei tiefen Seen, von Bergen umringt. Es scheint, dass Kevin sich hier niedergelassen hatte, als seine Knochen und Muskeln für das Leben auf Wanderschaft zu alt geworden waren, und ursprünglich hatte er es sich am Ufer des unteren Sees eingerichtet. Als aber seine Anwesenheit immer bekannter wurde, kam ein ständiger Strom von Menschen, um seine Weisheit zu hören. Während er dem normalerweise gerne nachkam, brauchte er aber auch einen Platz, an den er sich in Ruhe zurückziehen konnte, und so verschwand er von Zeit zu Zeit zum oberen See. Die natürlich etwas fragwürdigen Überreste seiner zweiten Zelle können nahe der Brücke noch gesehen werden. Es hat lange eine Kathedrale in Glendalough gegeben, die einen schönen runden Turm hatte, wie er für die alten irischen Kirchen charakteristisch war – ein architektonischer Stil, den die Christen von ihren heidnischen Vorfahren übernommen haben mögen. Unterwegs nach Glandalough kann man übrigens in Powerscourt vorbeischauen. Dort steht das schönste Haus georgianischer Architektur in Irland, das auch eines der Häuser meiner Vorfahren ist.

Ein anderer Ausflug von Dublin führt nach Kildare. Der Ort ist mit Brigid verbunden, einer halb-mythischen Gestalt, die Christen als Heilige verehren, die aber schon in vorchristlicher Zeit gelebt haben könnte – falls sie überhaupt gelebt hat. Sie ist berühmt für ihre Intelligenz und ihren schnellen Witz im Gespräch. Sie lebte in Curragh, in einer ländlichen Gegend östlich der Stadt. Eine Zeit lang hatte sie hier vielleicht eine Art Kommunität, und jeden Abend, so wird von ihr erzählt, wanderte sie die schlammigen Wege entlang, um Reisende einzuladen, mitzukommen und bei ihr zu wohnen. Kildare bedeutet wörtlich „Ort der Eiche" und ist nach der Eiche benannt, unter deren Ästen sie eine Hütte für sich gebaut hatte.

Ein dritter Ausflug geht von Dublin nach Tara und Kells. Tara ist die urgeschichtliche Hauptstadt Irlands, und die Könige von Irland hießen wandernde Weise an ihren Höfen willkomen, um zu hören, was sie zu sagen hatten. Patrick, Irlands Schutzpatron, begann sein Werk, die Iren zu christianisieren, damit, dass er nach Tara kam und dem König predigte; er vollführte auch einige Wunder, um die Kraft seines Glaubens zu zeigen. Gebäude sind in Tara nicht erhalten, aber die umfangreichen Erdarbeiten prägen bis heute das Gelände der ehemaligen Hauptstadt. Kells ist mit Columba, dem größten christlichen wandernden Weisen Irlands, verbunden. Er hat Lieder gedichtet und Parabeln erzählt, um seine Botschaft zu vermitteln, und er gründete einen Orden reisender Barden, der hier seinen Mittelpunkt hatte. Die Kathedrale in Kells hat einen runden Turm, und im Kirchhof stehen zwei keltische Kreuze.

Die Halbinsel Dingle ist neben dem Hinterland von Dublin die andere Hauptgegend für diese Art von Stätten. An der Nordküste der Halbinsel befindet sich der Berg Brandon. Er ist besonders verbunden mit dem christlichen Wanderer Brendan, der mit zwölf Gefährten in einem offenen Boot nach Island und Neufundland reiste und über die Azoren zurückkam. Sein erstaunlicher Ausflug wurde in einem Buch erzählt, das im frühen Mittelalter ein Bestseller in ganz Europa wurde. Brendan ging auf diesen Berg für die vierzig Tage und Nächte der Passionszeit, um sich spirituell vorzubereiten. Man kann sich leicht vorstellen, dass der Berg, der spektakulär am Meer aufsteigt, für zahlreiche Weise vor und nach ihm ein Ort der Besinnung war.

In der Nähe befindet sich auch Gallarus Oratory, das besterhaltene alte keltische Gebäude in ganz Großbritannien. Es hat einen rechtwinkligen Grundriss, ungefähr vier mal sechs Meter, und nach oben hin werden die Steinreihen immer kleiner, so dass sich zwei gegenüberliegende Seiten schließlich oben treffen und so das Dach bilden. Man nimmt an, dass das ein Ort des Gebets und religiöser Zeremonien war. Wenn es so war, dann war es sicher auch ein Ort, an dem sich Menschen trafen, um den Weisen zuzuhören, die sowohl in vorchristlicher Zeit als auch in christlicher Zeit durch Irland gewandert sind.

Auf dem Weg von Dublin nach Dingle, kurz bevor man nach Athlone kommt, liegt Clonmacnois. Es liegt an den Ufern des Flusses Shannon, und in mittelalterlichen Zeiten war es eines von Irlands größten Klöstern; es gibt dort einige schöne Ruinen. Und von noch früheren Zeiten wird erzählt, dass hier ein Wanderer namens Piran lebte. Der habe eine Gemeinschaft wilder Tiere um sich gesammelt. Aber er zog noch wieder weiter, zur Südostküste, baute sich ein Boot und fuhr los. Die Winde und Strömungen brachten Piran an die Nordküste von Cornwall – wo er dann eine neue Tiergemeinschaft aufbaute.

Einführung

In jeder Gesellschaft, die Historikern bekannt ist, und in jeder Kultur, die Anthropologen untersuchen, gibt es einen Bestand an Geschichten – Parabeln, Fabeln, Legenden –, die moralische und spirituelle Werte beinhalten und die diese Werte von einer Generation an die nächste weitergeben. Diese Geschichten sollen die Aufmerksamkeit des Zuhörers erregen, der die Geschichte amüsant oder spannend findet, und sie sollen auch eine tiefe innere Bedeutung vermitteln. Gestalten, Dinge, Situationen aus den Geschichten werden verwendet als einfache und genaue Metaphern. In Ländern mit einer christlichen Tradition reden Menschen oft vom „barmherzigen Samariter", dem „verlorenen Sohn", dem „verlorenen Schaf" und den „weisen Jungfrauen", und man erwartet von den Zuhörern, dass sie genau wissen, was gemeint ist. Manchmal werden diese Bezüge so gebräuchlich, dass Metapher und Bedeutung zusammenfließen – „Talente" bezieht sich zum Beispiel heute nicht mehr auf Münzen, sondern bedeutet „Fähigkeiten", wofür es im Gleichnis Jesu ein Bild war.

Während in Romanen und Theaterstücken die Figuren gewöhnlich recht komplex mit mehreren Facetten ausgestaltet sind, sind die Gestalten in diesen moralischen und spirituellen Geschichten gewöhnlich einfach und repräsentieren einige besondere Wesensmerkmale. Das ist besonders klar in Geschichten, in denen die Figuren Tiere sind: Ein Fuchs kann für Schlauheit stehen, eine Henne für arglose Einfalt und eine Eule für Weisheit. Wo die Figuren Menschen sind, liefert oft der Beruf oder Rang den Schlüssel: Ein Ritter ist typischerweise tapfer, ein Kaufmann gierig, ein Priester heuchlerisch und ein Bauer ehrlich. Gelegentlich handelt ein Tier oder Mensch den Erwartungen entgegengesetzt, und dadurch wird ein dramatischer Effekt erzielt, aber diese Ausnahmen beweisen nur die Regel.

Eine dieser Figuren, die auf der ganzen Welt in moralischen und spirituellen Geschichten auftritt und die zweifelsohne die intelligenteste ist, ist der wandernde Weise. Manchmal hat er einen Namen: Er ist zum Beispiel Mullah Nasrudin in einigen Sufi-Erzählungen, und ein Name, der ihm in Südindien gegeben wird, ist Guru Nudel. Noch öfter hat er keinen Namen. Er scheint keine Vergangenheit und keine Verwandten zu haben. Er ist gleichzeitig jung und alt: Er ist jung genug, um große Entfernungen gehen zu können und manchmal recht flink, aber er ist alt genug, um große Weisheit zu besitzen und unmittelbaren Respekt einzufordern. Er hat kein Zuhause und kein Geld und keine Besitztümer. Ihm wird oft Unterkunft und Verpflegung gewährt, aber wenn er zu einer neuen Reise startet, macht er sich keine Sorgen darum, was er essen wird und wo er schlafen wird. Obwohl die Menschen ihm einige Ehrentitel geben, wie Mullah oder Guru, gehört er keiner religiösen Hierarchie an und hat keine religiöse Zugehörigkeit.

In Verbindung mit den Geschichten, in denen er erscheint, hat er vier entscheidende Fähigkeiten. Erstens hat er ein unheimliches Geschick darin, genau dann auf der Bildfläche zu erscheinen, wenn er gebraucht wird. Das kann sein, wenn Leute lange versucht haben, ein Problem zu lösen, aber es nicht schaffen, oder wenn jemand gerade dabei ist, etwas äußerst Dummes zu tun, oder wenn das Verhalten von jemandem vollkommen untragbar geworden ist. Er weiß auch ganz genau, wann es Zeit zum Gehen ist. Weit davon entfernt, andere Menschen zu dominieren, will er, dass Menschen für ihr eigenes Leben Verantwortung übernehmen, und wenn er gerade genug getan hat, dass sie das können, verschwindet er.

Zweitens hat er einen extrem schnellen Verstand. Wenn Menschen ängstlich oder verwirrt sind, sind seine Worte sanft und geduldig. Aber wenn Menschen vor Stolz aufgeblasen sind und andere mit Verachtung behandeln, dann weiß er, wie er sie mit einem Satz treffen kann. Und wenn sie wütend sind, dann weiß er, wie er ihren Zorn in eine andere Richtung lenken kann. Manchmal verwendet er sprachliche Witze, um eine Nachricht zu vermitteln. Das sind keine Witze, die Lachen erzeugen, sondern es ist ein Humor, der aufblitzt und bewirkt, dass man vor Staunen mit offenem Mund dasteht und sich die Gedanken erst einmal neu ordnen müssen.

Drittens lehrt er die Leute, indem er Fragen stellt. Er führt Menschen oft durch eine Reihe von Fragen, bis sie selber bei der richtigen Antwort angekommen sind. Er verwendet diese Technik, um Menschen dabei zu helfen, moralisches oder emotionales Durcheinander zu sortieren; und er verwendet es auch als Mittel, um Feinde zu versöhnen.

Viertens sagt er seine Sache gerne, wo immer es geht, indem er besondere Situationen erzeugt. Er ist geschickt darin, Menschen in Umstände zu bringen, in denen sich ihr normales Benehmen als absurd oder schlicht falsch erweist. Er wendet der Leute Gier oder Herzlosigkeit oder andere Laster gegen sie, so dass sie die Konsequenzen ihrer eigenen Schlechtigkeit kennen lernen. Und er macht sich manchmal die Dummheit der Leute zunutze, nicht zu seinem eigenen Vorteil, sondern um ihnen zu zeigen, wie sie weise sein könnten. Er rechnet damit, dass heilsame Erfahrungen weit leichter zu erinnern sind als schöne Worte.

Spirituelle Traditionen

Obwohl er in vielen Kulturen vorkommt, gibt es vier spirituelle Traditionen, in denen der wandernde Weise besonders bedeutend ist. Die eine ist der Taoismus in China. Zwei der drei großen taoistischen Philosophen, Zhuangzi und Laozi, reisten von Ort zu Ort. Die Bücher, die ihre Namen tragen, sind Sammlungen von Gesprächen, Abhandlungen und Ereignissen, die mit ihnen verbunden werden. In einigen dieser Geschichten erscheinen sie selbst als wandernde Weise, und sie erschaffen eine Situation und bringen dabei ihre Meinung zum Ausdruck; in einigen ihrer Abhandlungen erzählen sie Geschichten von anderen wandernden Weisen. Tatsächlich ist es oft austauschbar, ob sie selber etwas erleben und machen, oder ob sie eine Geschichte von anderen erzählen, so dass einige Forscher zu dem Schluss kommen, dass Zhuangzi und Laozi mythische Figuren sind: Sie sind einfach archetypische wandernde Weise, denen Namen gegeben worden sind.

Eine andere Tradition ist der Sufismus. Die Sufi-Bewegung begann spät im achten Jahrhundert als Reaktion auf die wachsende religiöse Macht der muslimischen Kleriker und Rechtsgelehrten. Männer und Frauen trugen Kleidung aus rauer Wolle – das Word *suf* bedeutet wahrscheinlich Wolle – und lebten in abgelegenen Höhlen und Hütten oder wanderten von Ort und zu Ort, in der Hoffnung, innere Gelassenheit zu erlangen. Einige von ihnen wurden enorm bekannt, und ihr Rat wurde eifrig gesucht. Einige von ihnen erzählten Geschichten, um spirituelle Wahrheiten zu lehren, und einige dieser Geschichten handelten von Weisen wie ihnen. Viele Geschichten wurden auch über sie erzählt. Wieder wurden diese beiden Typen von Geschichten geradezu austauschbar. Unter den größten der Geschichtenerzähler der Sufi waren Rumi, der in Afghanistan im 13. Jahrhundert geboren wurde und durch den ganzen Mittleren Osten reiste, und sein Zeitgenosse Sadi, der aus dem Iran kam und durch Indien, Zentralasien und auch Afrika wanderte.

Die keltische Tradition Irlands ist eine andere Quelle von Geschichten wandernder Weiser. Man nahm an, dass Kelten vom europäischen Kontinent kamen und sich auf den britischen Inseln ausbreiteten; moderne Forscher neigen heute mehr zu der Meinung, dass die einheimische Bevölkerung nur von keltischen Ideen und ihrer Kunst beeinflusst wurde. Auf jeden Fall war es in Irland durch seine relative Abgeschiedenheit möglich, dass seine alte Kultur überleben konnte; und als Forscher im 19. Jahrhundert, hauptsächlich aus England, die irische Sprache lernten und ländliche Gegenden besuchten, entdeckten sie, dass die Bauern einen reichen Schatz an Geschichten hatten, der mündlich von der einen Generation an die nächste weitergegeben worden war. Viele dieser Geschichten betrafen wandernde Weise.

Moderne Juden, besonders in Amerika, sind berühmt für ihren scharfen Verstand, der oft direkt von der chassidischen Tradition Osteuropas lebt. Chassidismus entstand in den jüdischen Gemeinden Polens und Litauens im späten 18. Jahrhundert, und er war zum Teil wie beim Sufismus eine Reaktion auf den Legalismus der etablierten religiösen Führerschaft. Er ermutigte zur Freude und zum Humor, und er drehte sich um die Zaddikim, charismatische spirituelle Führer, die oft einen starken Sinn für Ironie besaßen. Die Zaddikim selbst erzählten Geschichten über vergangene Weise, und ihr eigenes Verhalten erzeugte neue Geschichten. Die meisten chassidischen Zentren in Europa wurden vom Holocaust der Nazis zerstört, aber glücklicherweise waren viele Anhänger des Chassidismus nach Amerika ausgewandert, wo die Tradition überlebt hat und blüht.

Der Stil der Geschichten

Spirituelle Geschichten werden gewöhnlich sehr einfach und karg erzählt, enthalten nur die Informationen, die für die Handlung nötig sind. Die Gleichnisse Jesu sind typisch für diesen minimalistischen Stil. Wenn Großeltern diese Geschichten beim offenen Feuer an dunklen Abenden erzählt haben, haben sie sie sicher ausgeschmückt mit Einzelheiten, die sie näher mit den Erfahrungen ihrer Enkel verbunden haben. Wenn sie in modernen Büchern wiedergegeben werden, werden sie manchmal ausführlich verlängert. Aber Kürze erhöht ihre Kraft, wie Jesus gut verstanden hatte: Wenn man sich nur auf die Hauptpunkte konzentriert, ist die Botschaft klarer.

Kürze ist eine besondere Tugend, wenn die Hauptfigur der wandernde Weise ist. Wir wissen alle aus Erfahrung, dass ein Witz an Wirkung verliert, wenn jemand ihn mit unnötigen Nebensächlichkeiten erweitert. Da viele der Geschichten vom wandernden Weisen in Wirklichkeit anspruchsvolle Witze sind, gilt hier dasselbe.

Eine glückliche Konsequenz ihrer Kürze ist es, dass Geschichten vom wandernden Weisen gut reisen. Es braucht überhaupt keine Kenntnis von chinesischer Kultur, um Geschichten von Zhuangzi zu verstehen. Man kann keine Ahnung vom Islam haben und doch jede der Geschichten von Rumi genießen. Es ist sogar von den Geschichten selber her unmöglich, sie in ihrem Ursprung zu unterscheiden, und einige sehr ähnliche Geschichten tauchen in zwei oder mehr Traditionen auf.

Identität

Der wandernde Weise ist ohne Abweichung als „er" beschrieben, aber in Wirklichkeit ist er ohne Geschlecht. Er hat keine Meinungen, die ihn als männlich oder weiblich kennzeichnen würden, und er bezieht sich auf andere nie in Bezug auf deren Geschlecht. Die Tatsache, dass sie frei wandern, deutet an, dass sie Männer sind, einfach weil weibliche Bettelmönche praktisch unbekannt sind, während männliche Bettelmönche in vielen Teilen der Welt ziemlich normal waren. Aber gäbe es ein Personalpronomen ohne Geschlechtsfestlegung, wäre das angemessener. Die wandernden Weisen sind meist namenlos und werden jeweils einfach als „der Weise" bezeichnet. Ich folge dieser Sitte.

Quellen

Wenn Menschen Geschichten wieder-erzählen, selbst wenn sie ihrer Quelle vollkommen treu sein wollen, fühlen sie sich genötigt, kleinere Abänderungen vorzunehmen, um sie ihren jeweiligen Hörern oder Lesern verständlicher zu machen. In der folgenden Sammlung bin ich dieser ehrwürdigen Praxis gefolgt, und dafür ist keine Entschuldigung nötig. Die Quellen, aus denen ich die Geschichten habe, sind sehr alt, aber die ursprüngliche Quelle für jede Geschichte ist, da bin ich mir sicher, noch weit älter und wird nie bekannt werden können. Eine gute spirituelle Geschichte gleicht darin einer Pflanzen- oder Tierart, die sich über eine sehr lange Zeit entwickelt hat.

Das sind meine Quellen: Die taoistischen Geschichten sind meist aus den Büchern von Zhuangzi und Laozi; eine ist aus dem Lotus Sutra, das bei Buddhisten und Taoisten gelesen wird. Die Sufi-Geschichten kommen hauptsächlich aus den Schriften von Rumi und Sadi. Die chassidischen Geschichten stammen aus den Anthologien von Louis Newman, Lewis Browne und Nathan Ausubel, und jeder von ihnen hat mehrere Quellen ausgewertet. Die keltischen Quellen stammen zum Teil aus den Sammlungen von Douglas Hyde und zum Teil aus meiner eigenen Erinnerung. Vor einem halben Jahrhundert verbrachte ich als Kind viele meiner Ferien in großen halbverfallenen Häusern in Irland und hörte begierig den Geschichten zu, die alte Landarbeiter und Hausdiener erzählten. Ihnen und ihresgleichen – den menschlichen Lagerhäuser der spirituellen Geschichten – ist dieses Buch gewidmet.

Religiöse Einheit

In ihren Lehren und Glaubensbekenntnissen weichen die Weltreligionen voneinander ab und ihre Meinungsverschiedenheiten rufen oft gegenseitige Feindschaft hervor, die manchmal zu Gewalt und Blutvergießen führt. Da diese Lehren und Bekenntnisse vorgeben, eine letzte Wahrheit auszudrücken, und da letzte Wahrheit – wenn sie existiert – jenseits menschlichen Verstehens und Definierens liegen muss, sind diese Meinungsverschiedenheiten offenkundig absurd.

Auch die Rituale und Symbole der Weltreligionen weichen voneinander ab: Die Anhänger der einen Religion, oder Sekte innerhalb einer Religion, blicken oft irritiert und mit Verachtung auf die Symbole und Rituale anderer Religionen und Sekten. Da Rituale und Symbole zum Großteil eine Geschmacksfrage sind, und da Geschmack zu einem Großteil durch Kultur geprägt wird, ist diese Verachtung nichts anderes als eifernde Borniertheit.

Der wandernde Weise erwähnt kaum Lehren und Glaubensbekenntnisse, und wenn er es tut, dann nur, um sie lächerlich zu machen. Er behandelt alle Rituale und Symbole mit Respekt, und so ist er eine Figur der globalen religiösen Einheit.

Robert Van de Weyer

Wie lässt sich Intelligenz messen?

Ein Mann war dafür bekannt, dass er der klügste Kopf in seiner Stadt war. Unglücklicherweise war er stolz und arrogant geworden, und er verachtete die Menschen um sich herum.

Der Weise kam in die Stadt und setzte sich auf den Marktplatz. Der kluge Mann ging zu ihm und begann ein Gespräch. Er wollte gleich seine Überlegenheit deutlich machen. Der Weise erkannte schnell, was der Kluge vorhatte, und er erlaubte es ihm, dass er seine geistigen Kräfte entfalten und vorzeigen konnte.

Dann stand der Weise auf, nahm einen Stock, der auf dem Boden gelegen hatte, und schlug dem Klugen sanft auf den Kopf. Der Kluge wurde rot vor Zorn, und griff nach einem anderen Stock.

„Du kannst mich so fest schlagen wie du willst", sagte der Weise, „wenn du mir zuerst eine einfache Frage beantwortest." „Gut", antwortete der Kluge, denn er war zuversichtlich, dass er jede Frage beantworten könne, die der Weise ihm stellen könnte.

„Als ich dich vorhin geschlagen hatte", fragte der Weise, „kam da das Geräusch von meinem Stock oder von deinem Kopf?" Der kluge Mann wusste keine Antwort.

„Lass mich dir eine weitere Frage stellen", sagte der Weise, „und wenn du sie richtig beantworten kannst, werde ich mich vor Ehrerbietung dir zu Füßen legen." „Gut", erwiderte der Kluge, begeistert von der Aussicht darauf, dass sich der Weise vor ihm verbeugen würde.

Der Weise fragte: „Offenbart sich dein überlegener Geist durch die klugen Bemerkungen, die du machst, oder durch die unklugen Bemerkungen, die andere machen?" Der kluge Mann wusste keine Antwort; aber er verstand die Frage gut genug, um einzusehen, dass er andere Menschen mit Respekt behandeln sollte.

Sufi

Äpfel und Erdbeeren

Der Weise wanderte auf einer Landstraße, als ein junger Mann ihn einholte. „Darf ich mit Ihnen gehen?", fragte der junge Mann. „Selbstverständlich", antwortete der Weise.

Sie wanderten eine Zeit lang gemeinsam, ohne ein Wort zu sagen. Dann sagte der junge Mann: „Wenn Sie so weise sind, wie es die Leute von Ihnen sagen, dann können Sie doch in einem einzigen Satz zusammenfassen, was Moral ist." „Es ist einfach, Moral zu verstehen", erwiderte der Weise, „aber hart, sie zu leben." „Wenn ich moralisch leben soll", sagte der junge Mann, „dann muss ich sie zuerst verstehen." „Sehr gut", sagte der Weise. „Moral besteht darin, dass du anderen gegenüber nicht etwas machst, von dem du nicht willst, dass andere es dir gegenüber machen."

Später an diesem Tag kamen der Weise und der junge Mann an einer Obstwiese vorbei. Der junge Mann pflückte einige Äpfel und stillte seinen Hunger, aber der Weise nahm sich keinen. Einige Stunden später kamen sie an einem Feld vorbei, auf dem Erdbeeren wuchsen. Der junge Mann pflückte sich genug, um seinen Hunger zu stillen, aber der Weise nahm sich keine. Der junge Mann fragte den Weisen, warum er sich nichts nähme, aber der Weise sagte nichts.

Am nächsten Tag kamen sie an einer anderen Obstwiese vorbei, und der junge Mann pflückte sich einige Äpfel. Aber dieses Mal nahm der Weise ihm die Äpfel weg, und der Weise begann, sie zu essen. Der junge Mann war erstaunt, aber sagte nichts. Später kamen sie an ein Erdbeerfeld, und der junge Mann bediente sich. Der Weise nahm ihm die Erdbeeren weg. Jetzt wurde der junge Mann aber wütend, und er versuchte, sie sich wieder zu holen.

Der Weise lächelte und sagte: „Du denkst dir nichts dabei, wenn du dir Äpfel und Erdbeeren von einem Bauern holst, wirst aber wütend, wenn jemand die Äpfel und Erdbeeren nimmt, von denen du glaubst, dass sie dir gehören." Der junge Mann ließ beschämt seinen

Kopf hängen. Der Weise legte ihm den Arm um die Schultern und wiederholte seine Worte vom vorherigen Tag: „Es ist einfach, Moral zu verstehen, aber hart, sie zu leben."

Chassidisch

Der Klang des Geldes

Der Weise kam am Markttag in eine Stadt: Familien aus der ganzen Gegend kamen, um ihre Waren zu verkaufen, und um einzukaufen, was sie brauchten. Auf dem Marktplatz drängten sich Männer, Frauen und Kinder, und der Lärm der Stimmen war ohrenbetäubend. Ein wohlhabender Kaufmann fragte den Weisen, was er feilbiete. „Ich habe nur meine Worte anzubieten", antwortete der Weise. „Worte sind wertlos", sagte der Kaufmann. „Worte der Liebe sind mehr wert als alles Gold in der Welt", entgegnete der Weise. „Um das zu beweisen", sagte der Kaufmann, „zeig mir, dass die Leute bereit sind, für deine weisen Worte zu bezahlen." „Also gut", sagte der Weise. „Leih mir eine große Münze!" Der Kaufmann reichte dem Weisen seine größte Silbermünze.

Der Weise kletterte auf den Stand des Kaufmanns, hob die Münze hoch über seinen Kopf und ließ sie auf die Pflastersteine nach unten fallen. Sie klingelte laut.

Die Menschenmenge wurde beim Klang der Münze still, und alle drehten sich zum Weisen.

„Ihr habt Ohren, mit denen ihr den Klang des Geldes hört", sagte der Weise. „Lasst mich von etwas erzählen, das viel mehr wert ist als Geld." Dann sprach der Weise mit großer Beredsamkeit von der Liebe. Die Menschen waren von seinen Worten so bewegt, dass sie ihn am Ende baten, er solle ihnen sagen, wie auch sie ihre Liebe besser leben könnten. „Seid großzügig gegenüber den Armen", antwortete er. Und so gaben sie ihm Geld und baten ihn, dass er es zum Wohle der Armen verwenden solle.

Der Kaufmann schämte sich jetzt und verdoppelte von seinem eigenen Vermögen den Betrag, den die Leute gegeben hatten. Der Weise baute mit dem Geld ein großes Haus, in das die Armen zum Essen oder Übernachten kommen konnten. Und die Menschen gaben auch weiterhin Geld, um das Haus zu erhalten.

Keltisch

Ein Traum von einem Schmetterling

Ein aufgeblasener Mann saß jeden Abend in der Taverne, und er tat seine Meinung kund über jedes beliebige Thema, das ihm gerade in den Sinn kam. Auch redete er gerne über sich selbst und seine Erfahrungen. Er sprach dabei mit so lauter Stimme, dass die Leute nicht anders konnten, als ihm zuzuhören, und er zweifelte auch nie daran, dass die Leute an dem interessiert waren, was er zu sagen hatte.

Wenn andere ihm widersprachen, tat er ihre Meinungen voller Verachtung ab.

Der Weise kam in die Taverne, bestellte sich einen Krug Bier und setzte sich in eine Ecke, um es zu trinken. Der aufgeblasene Mann gab gerade seine Sicht zu einigen aktuellen Themen bekannt. Dann, wie gewöhnlich, begann er, über sich selbst zu reden: „Letzte Nacht hatte ich einen äußerst interessanten Traum. Ich träumte, dass ich ein Schmetterling war, mit den Flügeln schlug und von Blume zu Blume flog. Ich dachte wie ein Schmetterling, ich fühlte wie ein Schmetterling. Es schien vollkommen real zu sein. Dann wachte ich auf, und ich bemerkte, dass es nur ein Traum war – und dass ich in Wirklichkeit ich bin!"

Eine Stimme kam aus der Ecke der Taverne: „Woher weißt du, dass du du bist? Du könntest in Wirklichkeit ein Schmetterling sein, und es könnte ja nur ein Traum sein, dass du ein Mensch bist." Der aufgeblasene Mann drehte sich um und starrte den Weisen an. Als er versuchte, eine Antwort zu geben, begann er zu stottern; er wusste nicht, was er sagen konnte. Sein Gesicht wurde knallrot, und er marschierte aus der Taverne hinaus.

Einige Tage blieb der aufgeblasene Mann von der Taverne weg. Er ging durch die Stadt und murmelte vor sich hin: „Bin ich ein Schmetterling, oder bin ich ich?" In der Zwischenzeit konnten die anderen in der Taverne sich glücklich unterhalten und ihre Meinungen frei austauschen.

Schließlich ging der Weise auf den Mann zu und sagte: „Alles ist eine Frage der persönlichen Meinung, sogar deine eigene Existenz. Komm zurück zur Taverne!" Der Mann kam zurück. Und von diesem Tag an hörte er sich genauso glücklich die Meinung anderer Leute an, wie er seine eigene sagte.

Taoistisch

Ein knorriger Baum

Da war eine Stadt, in der jeder ständig viel zu tun hatte. Die Leute arbeiteten jeden Tag hart, und oft arbeiteten sie am Abend weiter. Es gab keine Ruhetage und keine Feiertage. Keiner besuchte jemals einen anderen zuhause zum Essen oder Trinken, auch trafen sie sich nicht in Gaststätten – also gab es nicht ein einziges Wirtshaus in dem ganzen Ort. Und auf der Straße blieben sie nie stehen, um sich zu unterhalten; die Leute eilten nur von einem Ort zum anderen, wie es ihre Geschäfte erforderten. Als Ergebnis all dieses Eifers war die Stadt sehr reich. Aber keiner nahm sich die Zeit, diesen Wohlstand zu genießen; alle wirkten ausgemergelt, grau und lustlos – und keiner lächelte jemals.

Der Weise kam in die Stadt, und bemerkte diese fiebrige Betriebsamkeit. In der Mitte der Stadt gab es einen kleinen Park. Ihm fiel auf, dass es dort einige Baumstümpfe gab, aber nur ein Baum noch stand. Er ging zu einem jungen Mann, der gerade vorbeieilte, und fragte ihn wegen der Baumstümpfe und dem Baum. „Die meisten dieser Bäume wurden gefällt. Es wurden daraus Werkzeuge und Wagen und andere nützliche Sachen gemacht", sagte der junge Mann, „aber der übriggebliebene Baum ist so knorrig, dass ihn kein Schreiner verwenden kann, und seine Zweige sind so verdreht, dass sie nicht einmal als Griffe verwendet werden können."

Der Weise ging in den Park und setzte sich unter den Baum. Er blieb dort drei Monate. Zunächst waren die Leute so mit ihren Angelegenheiten beschäftigt, dass sie ihn gar nicht beachteten. Aber sie konnten nicht anders, sie bemerkten diese fremde Figur beim Vorbeigehen, und bald begann seine Faulheit sie zu irritieren. Schließlich wurde seine Anwesenheit auf der monatlichen Versammlung des Stadtrates erwähnt, und es wurde beschlossen, dass der Bürgermeister und die Stadträte zu ihm gehen und mit ihm sprechen sollten.

Also legte der Bürgermeister am nächsten Tag seine offiziellen Gewänder an und seine Bürgermeisterkette, und marschierte, gefolgt von seinen Stadträten, zum Park. „Warum sitzt du unter dem Baum?", fragte der Bürgermeister den Weisen. „Um seinen Schatten zu genießen", antwortete der Weise. „Warum suchst du dir nicht eine Arbeit und machst dich nützlich?", fragte der Bürgermeister. „Weil ich lange leben möchte", antwortete der Weise. „Das verstehe ich nicht", erwiderte der Bürgermeister scharf.

„Schau dir diesen Baum an", sagte der Weise mit einem Lächeln. „Er ist so knorrig und verdreht, dass er nutzlos ist. Doch während die nützlichen Bäume alle abgehauen worden sind, überlebt dieser nutzlose Baum."

Der Bürgermeister und die Stadträte waren erstaunt, und bald wurden die Worte des Weisen in der ganzen Stadt immer wieder weiter erzählt. Die Leute hörten auf, so hart zu arbeiten. Sie besuchten sich in ihren Häusern, unterhielten sich auf der Straße, und Gaststätten öffneten, in denen sie sich an den Abenden trafen. Der Bürgermeister erklärte bestimmte Tage zu Ruhetagen, an denen sich die Menschen vollkommen erholen sollten, und an einigen dieser Tage wurden Feste angesetzt. Die Stadt wurde ein bisschen ärmer, aber, zu ihrer eigenen Überraschung, begannen die Menschen zu lächeln.

Taoistisch

Besen und Kehrichtschaufel

Der Weise sah, wie ein alter Mann eine Straße entlang tapste. Der alte Mann war so unsicher auf seinen Füßen, und seine Hand zitterte so heftig an seinem Gehstock, dass er bei jedem Schritt in Gefahr war hinzufallen. Der Weise ging auf ihn zu, und bot ihm an, ihn beim Gehen am Arm zu halten. Aber das Gesicht des Alten wurde rot vor Ärger, und er schob den Weisen zur Seite. „Ich kann auf mich selber aufpassen", erklärte er. „Ich brauche keine Hilfe. Kümmern Sie sich um Ihre eigenen Sachen!"

„Wenn Sie so zu jedem reden", sagte der Weise, „müssen Sie sehr einsam sein." Der alte Mann knurrte laut und ging seinen Weg weiter; der Weise folgte ihm mit einigen Schritten Abstand.

Der alte Mann ging in den Laden des Goldschmieds und zog dort eine große Tasche hervor, in der sich Goldspäne befanden. Auch der Weise ging in den Laden des Goldschmieds und stand neben dem alten Mann. „Wenn Sie schon unbedingt hilfreich sein wollen," sagte der alte Mann mürrisch, „holen Sie mir eine Waage, damit ich mein Gold wiegen kann." „Ich hole einen Besen", erwiderte der Weise.

„Reden Sie keinen Unfug", sagte der alte Mann, „tun Sie, was ich sage, und bringen Sie eine Waage." „Ich werde auch eine Kehrichtschaufel holen", antwortete der Weise. Der alte Mann war nun so verärgert, dass er seinen Stab hob, um damit den Weisen zu schlagen. Aber als er das tat, fiel er rückwärts auf den Boden.

Der Weise kniete sich neben ihn und bot ihm an, ihm wieder auf die Füße zu helfen. „Da es Ihre Schuld ist, dass ich gefallen bin", sagte der alte Mann, „ist es auch Ihre Pflicht, mich wieder aufzuheben." Sobald der alte Mann wieder stand, sagte er zum Weisen: „Warum reden Sie von einem Besen und einer Kehrichtschaufel, wenn ich von einer Waage spreche?"

Der Weise lächelte und sagte: „Ihre Hände zittern so sehr, dass Sie ihre Goldspäne verschütten werden, wenn Sie sie auf die Waage schütten. Also werden Sie zweifellos einen Besen und eine Kehrichtschaufel brauchen, um die Späne vom Boden aufzusammeln." Der Ärger des alten Mannes verwandelte sich in Tränen. „Kommen Sie in mein Haus und seien Sie mein Diener", flehte der alte Mann. „Ich brauche jemanden, der weiß, was ich brauche, bevor ich darum bitten muss." „Sobald Sie Hilfe mit Würde annehmen können", erwiderte der Weise, „werden alle Ihre Nachbarn Ihre Diener sein. Jeder kann sehen, was Sie brauchen, und jeder liebt es, gebraucht zu werden." Der Weise half daraufhin dem alten Mann, zurück zu seinem Haus zu gehen.

Jetzt begann der alte Mann zu lächeln und mit seinen Nachbarn freundlich zu reden, und sie halfen ihm sehr gerne, weil er sie brauchte. Und wenn er bemerkte, dass einer seiner Nachbarn irgendetwas benötigte, verwendete er etwas von seinem Gold, um es für ihn zu kaufen. Während der Tod näher kam, wurde er also beständig ärmer und glücklicher.

Sufi

Gestohlene Waren

Eine Stadt hatte zahlreiche Diebe, und sie verursachten großen Kummer. Der Richter sprach harte Urteile über jeden Dieb, der vor ihn gebracht wurde. Aber da Diebe ihrer Profession entsprechend sehr geschickt darin sind, sich gut zu verstecken, fingen die Polizisten nur wenige.

Der Weise besuchte die Stadt. Der Richter und die Polizisten kamen zu ihm, um ihn um Rat zu fragen. „Ihr könnt nichts machen, um den Diebstählen ein Ende zu bereiten", antwortete der Weise. Der Richter und die Polizisten ließen verzweifelt ihre Köpfe hängen. „Die einzigen, die das können", fuhr der Weise fort, „sind die Leute selber." Der Richter und die Polizisten waren verblüfft. Der Weise bat sie, ein Treffen der gesamten Stadtbevölkerung für den nächsten Nachmittag anzusetzen. Dazu sollten sie einen Käfig mit mehreren Wieseln und einen Sack mit Fleischstücken mitbringen.

Als die gesamte Bevölkerung versammelt auf dem Marktplatz war, legte der Weise den Sack mit Fleisch auf den Boden und öffnete den Käfig. Jedes der Wiesel schnappte sich ein Fleischstück und rannte damit zu einem Versteck. Nach einer Weile kamen die Wiesel zurück, um nach mehr Fleisch zu suchen. Der Weise steckte die Wiesel zurück in die Käfige und ging dann um den Platz, um all die Stellen unzugänglich zu machen, an denen die Wiesel sich versteckt hatten.

Als es keinen Ort mehr gab, an dem sich die Wiesel verstecken konnten, öffnete der Weise den Käfig wieder. Die Wiesel schnappten sich mehr Fleisch und rannten davon. Aber als sie entdeckten, dass alle Verstecke versperrt waren, brachten sie das Fleisch zurück.

Der Weise zog daraus folgenden Schluss: „Wenn keiner von euch jemals gestohlene Waren annimmt, dann wird keiner etwas stehlen." Von dem Tag an hörten die Diebstähle in der Stadt auf – und der Richter und die Polizisten hatten nichts mehr zu tun.

Chassidisch

Fisch im Fluss

Zwei Männer spazierten einen Fluss entlang. Der eine sagte zum anderen: „Schau, wie die Fische im Wasser hin- und herschießen, wie es ihnen gefällt. Man kann richtig sehen, wie sie sich vergnügen." Der andere Mann antwortete: „Du bist kein Fisch. Woher weißt du also, was Fischen Spaß macht?" Der erste Mann erwiderte: „Du bist nicht ich. Also weißt du nicht, ob ich weiß, was Fischen Spaß macht." Der zweite Mann sagte: „In der Tat bin ich nicht du, also weiß ich sicherlich nicht, was du weißt. Und aus demselben Grund weißt du nicht, was Fischen Spaß macht."

Der Weise war auch beim Fluss und hat den Streit der zwei Männer zufällig mit angehört. Er konnte auch sehen, dass ihre Gesichter jetzt rot waren, so ärgerten sie sich übereinander. „Darf ich mich einmischen?", fragte er. Beide Männer nickten.

Der Weise wandte sich an den zweiten Mann und sagte: „Gehen wir zu ihrer ursprünglichen Frage zurück. Sie fragten Ihren Freund, wie er das wissen könne, was Fischen Spaß macht. Sie haben ihn nicht gefragt, ob er weiß, was Fischen Spaß macht. Sie haben also bereits vorausgesetzt, dass ein Mensch von anderen Geschöpfen etwas versteht."

Dann wandte der Weise sich an den ersten Mann und sagte: „Sie haben Ihrem Freund gesagt, dass er nicht weiß, was Sie wissen. Also haben Sie bereits vorausgesetzt, dass unser gegenseitiges Verstehen begrenzt ist."

Der Weise zog daraus den Schluss: „Eure beiden Sichtweisen sind gut miteinander vereinbar. Also entweder sind beide falsch, oder es sind beide richtig." Die beiden Männer lächelten den Weisen an, und dann lächelten sie sich gegenseitig an.

Taoistisch

Ein Gelehrter in einem Sturm

Der Weise überquerte auf einer kleinen Fähre eine Flussmündung. Außer dem Fährmann, der ruderte, fuhr auch ein Gelehrter mit, der äußerst stolz auf sein Wissen war.

„Sag mir", fragte der Gelehrte den Fährmann, „hast du je gelernt, die alten Sprachen zu lesen?" „Nein", antwortete der Fährmann. „Dann ist die Hälfte deines Lebens verloren", erklärte der Gelehrte.

Als sie gerade halb über dem Fluss waren, kam ein plötzlicher Sturm auf, der äußerst heftig wurde. Das Wasser wurde sehr wild, und eine Welle nach der anderen stürzte über das Boot, so dass es sich mit Wasser füllte.

„Sag mir", fragte der Weise den Gelehrten, „Hast du je schwimmen gelernt?" „Nein", antwortete der Gelehrte, und sein Gesicht war weiß vor Angst. „Dann ist vielleicht bald dein ganzes Lebens verloren", erklärte der Weise.

Gerade als das Boot beinahe zu sinken begann, legte sich der Sturm, und der Fährmann konnte das Boot sicher an die Küste rudern.

Der Gelehrte hörte auf, so stolz auf sein Wissen zu sein, und begann, die praktischen Fertigkeiten zu bewundern, die andere Menschen hatten.

Sufi

Ein Altenheim

Ein Kaufmann hatte ein eher kleines Geschäft, verglichen mit vielen anderen Geschäften in seiner Stadt. Aber anders als die meisten anderen Kaufleute fand er keinen Gefallen an seinem Wohlstand; er war glücklich, wenn er in einem kleinen Haus wohnte und einfaches Essen hatte. Die Folge war, dass er eine große Menge Geld ansammelte.

Es gab viele ältere Menschen in der Stadt, die sehr arm waren. Also beschloss er, ein großes Haus zu bauen, in dem sie leben konnten. Das Haus war sehr schön und komfortabel, und beinahe jeder ältere Mensch in der Stadt kam, um dort zu leben. Der Bau des Hauses brauchte all sein Geld auf; und er bestimmte den jährlichen Gewinn seines Geschäftes dafür, dass für das Essen gesorgt werden konnte.

Am Morgen gab er den Alten drei Löffel Reis, und am Abend gab er ihnen vier Löffel Reis – mit einer Linsensoße dazu. Das war alles, was er sich leisten konnte, und außerdem hatte ihm sein Doktor gesagt, dass das die richtige Menge war für die Gesundheit der alten Menschen.

Zuerst waren die Alten sehr glücklich und zufrieden, und es bereitete dem Kaufmann große Freude, sie zu besuchen. Aber nach einigen Monaten begannen sie, sich über das Essen zu beschweren. „Wir wollen vier Löffel Reis am Morgen, nicht drei!" Der Kaufmann war darüber sehr verärgert. „Wie undankbar sie sind!", sagte er sich. Und er hörte auf, sie zu besuchen. Mit jedem Monat, der verstrich, wurden die Beschwerden lauter, und der Kaufmann wurde immer wütender. Schließlich musste er feststellen, dass er die Alten hasste, und er bedauerte es, dass er das Haus gebaut hatte.

Der Weise kam in die Stadt, und er hörte von der Unzufriedenheit in dem Altenheim. Er besuchte den Kaufmann und bot an, zu versuchen, die Alten wieder glücklich zu machen. „Sie können tun, was Sie wollen", sagte der Kaufmann, „solange es mich nicht noch mehr Geld kostet."

Der Weise fragte dann die Alten: „Seid ihr sicher, dass ihr vier Löffel Reis am Morgen wollt?" „Ja!", riefen sie einstimmig. Also gab er dem Koch Anweisung, ihnen vier Löffel Reis am Morgen zu geben und drei am Abend. Die alten Leute freuten sich, dass ihr Wunsch erfüllt wurde, und dankten dem Weisen überschwänglich. „Dankt nicht mir", sagte der Weise, „dankt dem Kaufmann – er zahlt für den Reis." Und so schrieben sie ihm einen Dankesbrief.

Der Kaufmann war sehr erleichtert und erfreut, und begann wieder, die alten Menschen zu besuchen. Der Weise sagte ihm: „Wenn Menschen von dir abhängig sind, gib ihnen, was sie wollen – solange du es dir leisten kannst. Und erwarte keine Dankbarkeit, nimm sie einfach an, wenn sie kommt."

Taoistisch

Ein gestohlenes Schmuckstück

Der Weise wohnte in einem Gasthaus. Früh am Morgen bemerkte die Frau des Wirtes, dass ein Silberbecher aus ihrem Zimmer gestohlen worden war. Ihre Großmutter hatte ihr dieses silberne Schmuckstück zu ihrer Hochzeit geschenkt, daher war er besonders wertvoll für sie. In Tränen aufgelöst eilte sie zu ihrem Mann und bat ihn, den Dieb zu finden.

Ihr Mann vermutete, dass einer der Gäste der Dieb war, aber konnte nicht sagen, welcher. Da er glaubte, dass der Weise sowohl klug als auch ehrlich war, bat er ihn um Hilfe.

Der Weise beobachtete die Gäste mit großer Sorgfalt. Er bemerkte, dass einer der Gäste einen Mantel im Bad gelassen hat. Der Weise blieb in einer Ecke des Waschraumes – hinter einer großen Wanne, so dass er nicht gesehen werden konnte. Dann beobachtete er die Leute, wie sie hereinkamen. Ein junger Mann wusch sich die Hände und wischte sie dann an dem Mantel ab.

Der Weise machte den Wirt auf den jungen Mann aufmerksam. „Er ist der Dieb", sagte der Weise. „Er hat keinen Respekt vor dem Eigentum anderer Leute." Also ging der Wirt in das Zimmer des jungen Mannes und fand den silbernen Becher in seiner Tasche.

Chassidisch

Der Triumph des Lichtes

Zwei Männer, deren Bauernhöfe nebeneinander lagen, stritten ständig miteinander. Aber ihre Frauen waren enge Freundinnen; und sie sehnten sich danach, dass die Streitereien aufhören würden. Der Weise kam in der Nachbarschaft vorbei, und die zwei Frauen baten ihn, ob er ihre Männer nicht aus Feinden zu Freunden machen könne.

Der älteste Streitpunkt zwischen den zwei Männern betraf eine alte Scheune, die auf der Grenze ihrer beiden Höfe lag; jeder behauptete, dass sie ihm gehöre. Der Weise ging zu den zwei Männern und sagte: „Lasst uns einen Wettkampf machen. Wir teilen die Scheune in drei gleiche Teile; und im Lauf eines Tages, von Sonnenaufgang bis Sonnenuntergang, werden wir sehen, wer von uns seinen Teil am besten ausfüllen kann. Wir können verwenden, was wir wollen – Gemüse, Mist oder was auch immer. Wenn einer von euch gewinnt, ist der Gewinner in Zukunft der alleinige Eigentümer der Scheune; aber wenn ich gewinne, müsst ihr versprechen, dass ihr nie mehr streitet."

Jeder der beiden Männer war überzeugt, dass er stärker war als der andere und daher gewinnen würde, also willigten beide gerne ein. Ein Tag wurde für den Wettkampf festgelegt, und am Morgen des Tages versammelten sich die Menschen aus der ganzen Gegend bei der Scheune, um zuzuschauen. Als die Sonne gerade aufging, schlug der Bürgermeister des Ortes auf eine Trommel – und der Wettkampf begann. Jeder der zwei Männer begann, auf seinem Hof herumzurennen, alles einzusammeln, was er finden konnte – Strohballen, Werkzeug, Obstkisten, auch Gemüse und Mist – und es in seinen Teil der Scheune hineinzubringen. Der Weise tat nichts; er saß einfach da und beobachtete sie.

Zwölf Stunden später, als die Sonne begann unterzugehen, waren die zwei Männer völlig erledigt, und ihre Teile der Scheune waren nur halb gefüllt. Der Teil des Weisen war leer. Als die Dunkelheit hereinbrach, ging der Weise in seinen Teil der Scheune, nahm eine Kerze aus seiner Tasche und stellte sie auf den Boden. Dann zündete er sie an. Die Flamme der Kerze erfüllte die Scheune mit Licht, bis hinauf zu den Dachsparren.

„Das Licht hat gewonnen", erklärte der Weise mit einem breiten Lächeln auf seinem Gesicht, und die Menge applaudierte und jubelte. Der Weise nahm jeden der beiden Männer bei der rechten Hand, und führte die Hände zusammen. Der Schweiß tropfte von ihren Gesichtern, und sie blickten sich an – und dann umarmten sie sich.

Keltisch

Freude an der Gewalt

Ein König hatte große Freude am Hahnenkampf. Er kaufte die besten Hähne im Land und stellte einen Mann dafür ein, sie in der Kunst zu trainieren, andere Hähne zu töten. Zu seinen Einladungen im königlichen Palast kamen wohlhabende Kaufleute und Landbesitzer, die auch Kampfhähne trainierten, brachten ihre Hähne mit, und der König und seine Gäste sahen den Vögeln dabei zu, wie sie sich gegenseitig zu Tode hackten und kratzten. Der König lud auch die Könige anderer Länder dazu ein, ihre Hähne zu bringen, und bei diesen Anlässen fanden die Kämpfe inmitten großer Feierlichkeiten im Garten des Palastes statt, und die gesamte Bevölkerung der Hauptstadt nahm an dem Ereignis teil.

Der Weise kam in die Hauptstadt, gerade als der König eines anderen Landes eintraf, und er besuchte den Kampf zwischen den Vögeln der beiden Könige. Zum großen Ärger des heimischen Königs waren die Vögel des Gastes siegreich. Daher entließ der König seinen bisherigen Trainer, und sandte eine Nachricht an sein Volk, dass er einen Ersatz suchte.

Der Weise ging zum Palast und sagte zum König: „Ich würde gerne dein neuer Trainer für die Hähne werden. Wenn du mich anstellst, kann ich dir versprechen, dass deine Hähne die besten werden." „Sehr gut", antwortete der König, „ich gebe dir drei Monate, dein Versprechen zu halten. Am Ende dieser Zeit kommt ein anderer König mit seinen Hähnen – und ich will nicht wieder blamiert werden."

Nach einem Monat wurde der König neugierig und wollte wissen, wie es seinen Hähnen ging. Er wollte einen Kampf von zweien von ihnen sehen. Also ließ er nach dem Weisen rufen und fragte, ob die Hähne bereit wären. „Nein", antwortete der Weise, „zur Zeit stolzieren sie nur herum und geben an mit ihrer Größe und Stärke."

Nach dem zweiten Monat ließ der König den Weisen wieder rufen und fragte, ob seine Vögel bereit wären. „Nein", antwortete der

Weise, „gegenwärtig lieben sie es einfach nur, ihre Kampfeslust zu zeigen, sogar gegenüber ihrem eigenen Schatten."

Schließlich erschien nach drei Monaten der andere König. Eine große Bühne wurde im Garten des Palastes errichtet, und die gesamte Bevölkerung der Stadt kam, um den Kampf zu sehen. Der Trainer des königlichen Besuches ließ seinen ersten Hahn auf die Bühne. Der Vogel stolzierte hin und her, hackte und kratzte in die Luft und krähte laut. Dann ließ der Weise seinen ersten Hahn auf die Bühne; der Vogel stand still da, wie eine Statue, aus Holz geschnitzt.

Der andere Hahn versuchte, diesem bewegungslosen Vogel Angst einzujagen, indem er auf ihn losstürmte, aber der Vogel bewegte sich nicht. Also marschierte der andere Hahn voller Verachtung von der Bühne – und der Hahn des heimischen Königs wurde zum Sieger erklärt. Die Menschen der Stadt tobten vor Freude.

Der Trainer des königlichen Gastes ließ einen Hahn nach dem anderen auf die Bühne, jeder neue war kämpferischer als der davor. Die Hähne des Weisen blieben alle regungslos – und bei jedem verließen die Hähne des besuchenden Königs die Bühne.

Zuerst war der König erfreut über seinen Sieg. Aber am nächsten Tag ging der Weise zum König und sagte: „Du hast entdeckt, dass der Weg zu wahrem Sieg nicht über die Gewalt geht und nicht über den Hochmut – und auch nicht über den Spaß auf Kosten anderer." Der König hörte mit den Hahnenkämpfen auf, und er wurde auch in seiner Regierung viel milder und weiser.

Taoistisch

Eine Melone im Winter

Ein wohlhabender Gutsbesitzer, der in einem großen Haus lebte, bewunderte die Klugheit des Weisen, und er stellte sich vor, dass er versuchen müsste, den Weisen davon zu überzeugen, bei ihm in seinem Haus zu wohnen. Dann würde er vermutlich auch weise werden – und vielleicht auch Frieden in seiner Seele finden. Also bot er dem Weisen das luxuriöseste Zimmer an, und da es Winter war und das Wetter besonders kalt, nahm der Weise gerne an.

Der Gutsbesitzer war gemein und gnadenlos gegenüber den Familien auf seinem Anwesen. Er verlangte von ihnen eine hohe Pacht und forderte sie auch in den Jahren voll ein, in denen die Ernte schlechter war – und wenn sie nicht zahlten, mussten sie das Land verlassen.

Eines Morgens stapfte ein sehr alter Mann, der sein ganzes Leben auf dem Anwesen verbracht hatte, durch den Schnee und trug eine große gelbe Melone.

Er klopfte an die Tür des Gutshauses, und als ein Diener sie öffnete, bat der alte Mann darum, den Gutsbesitzer zu sehen. Der Diener ging zum Gutsbesitzer, der mit dem Weisen neben einem großen offenen Feuer saß, und berichtete ihm von der Ankunft des alten Mannes. Der Gutsbesitzer befahl dem Diener, er solle den alten Mann wegschicken; aber der Weise bestand darauf, dass er ihn hereinbitten soll.

„Schon immer, seit du dieses Gut von deinem Vater geerbt hast", so sprach der alte Mann zu dem Gutsbesitzer, „habe ich dich gehasst, für deine Gemeinheit und deine Gnadenlosigkeit. Aber bald werde ich sterben, und ich möchte mein Herz von allem Hass reinigen. Daher habe ich diese Melone mitgebracht, die bei mir letzten Sommer gewachsen ist und die ich sorgfältig in Stroh aufbewahrt habe. Ich biete sie dir an als ein Zeichen der Freundschaft." Der Gutsbesitzer hatte seit dem Sommer keine Melone mehr gegessen, und ihm lief beim Anblick der großen gelben Frucht das Wasser im Mund zusammen. Also nahm er sie und befahl dem alten Mann zu gehen.

Der Gutsbesitzer schnitt ein Stück von der Melone heraus und gab es dem Weisen auf einem silbernen Teller. Der Weise aß es mit Genuss und lobte, wie besonders süß es doch sei. Der Gutsbesitzer schnitt ein Stück für sich selber heraus. Aber sobald er es probiert hatte, spuckte er es angewidert wieder aus. „Die ist verfault!", rief er aus. „Wie kommst du dazu zu behaupten, dass sie süß schmeckt?" „Sie wurde mit Liebe übergeben", antwortete der Weise, „und die Liebe kann alles süß machen."

Am nächsten Morgen schien die Sonne, und der Schnee war geschmolzen. „Es ist Zeit für mich zu gehen", sagte der Weise zum Gutsbesitzer. „Erinnere dich, was die Melone dich gelehrt hat, und du wirst weise sein – und deine Seele wird im Frieden leben." Der Gutsbesitzer ritt anschließend über sein ganzes Anwesen und sagte den Familien, dass sie nur noch so viel Pacht zu bezahlen brauchten, wie sie sich leisten konnten.

Sufi

Ein Streit um Fleisch

Ein Holzfäller ging jeden Tag in den Wald, um Feuerholz zu sammeln. Eines Tages begegnete er einem Reh. Das Tier war so erschrocken, dass es sich nicht bewegte. Der Holzfäller erschlug es, und da er nicht gleichzeitig das Holz und das Reh nach Hause tragen konnte, beschloss er, das Tier in einem Graben zu verstecken und später zurückzukommen, um es dann zu holen.

Am nächsten Tag ging der Holzfäller zurück in den Wald, aber er konnte den Graben nicht finden, in dem er das Tier versteckt hatte. Er kam zu dem Schluss, dass er die ganze Sache wohl geträumt haben musste. Am Abend erzählte er davon im Dorf.

Wenige Tage später ging ein Nachbar in den Wald, um das tote Tier zu suchen, und nachdem er einige Stunden in vielen Gräben nachgesehen hatte, fand er es. Er brachte es nach Hause, schnitt es in Stücke und verkaufte die Stücke an die Leute des Dorfes.

Als dem Holzfäller klar wurde, dass sein Nachbar sein Tier gefunden und verkauft hatte, wurde er wütend. Er ging zum Nachbarn und sagte: „Ich habe das Tier erlegt; also sollte ich das Geld haben, dass du für das Fleisch bekommen hast." Aber der Nachbar weigerte sich, ihm das Geld auszuhändigen. Zufällig war der Weise in der Nähe; also gingen sie zu ihm, damit er in diesem Streit vermittelte.

Nachdem er die ganze Geschichte gehört hatte, sagte der Weise zum Holzfäller: „Wenn du das Tier wirklich erlegt hast, war es nicht richtig, dass du davon geträumt hast, dass du es erlegt hättest. Wenn du wirklich geträumt hast, dass du das Tier erlegt hast, ist es nicht richtig, wenn du jetzt das Geld beanspruchst. Scheinbar kannst du nicht unterscheiden zwischen Traum und Wirklichkeit."

Dann sagte er zu dem Nachbarn: „Als du gehört hast, wie der Holzfäller die Geschichte von dem Tier erzählt hat, war dir klar, dass er mit Traum und Wirklichkeit durcheinander kam. Du hast also seine Verwirrung ausgenützt und bist auf die Suche nach dem Tier gegangen. Scheinbar unterscheidest du zu genau zwischen Traum und Wirklichkeit."

Der Weise gab dann sein Urteil bekannt: „Da der Holzfäller nicht zwischen Traum und Wirklichkeit unterscheiden kann, wüsste er nicht, ob das Geld wirklich wäre oder nicht. Da sein Nachbar zu klar unterscheidet zwischen Traum und Wirklichkeit, hält er das Geld für wichtiger als es ist. Daher muss das Geld mir gegeben werden, und ich werde es den Armen geben."

Taoistisch

Die richtige Begrüßung

Ein König lud einen Sänger in sein Königreich ein, der bekannt dafür war, die schönste Stimme der Welt zu haben. Und er lud alle Untertanen dazu in seinen königlichen Palast ein, dass sie den Sänger hören sollten.

Der Weise war gerade in diesem Königreich, und der König fragte den Weisen um Rat, wie er den Sänger willkommen heißen sollte. „Sollte ich ihn an den Stadttoren empfangen, in meinen besten Gewändern", fragte der König, „und mit ihm in einem goldenen Wagen durch die Stadt fahren?" „Nein", sagte der Weise, „du und dein Sohn, ihr solltet die einfache Kleidung von Dienern tragen und ihn auf einem Stuhl durch die Stadt tragen."

Als der Sänger an der Stadt ankam, war er verärgert, dass er den König in seinen feinen Gewändern nicht sehen konnte. „Vielleicht wird der König mich begrüßen, wenn ich bei seinem Palast ankomme", sagte er sich. Und er setzte sich auf den Stuhl.

Als er beim Palast ankam, stellten der König und sein Sohn den Stuhl ab. Der König verbeugte sich dann tief vor dem Sänger und sagte: „Willkommen in meinem Haus!" „Du bist also der König!", rief der Sänger erstaunt. „Ich betrachte mich als deinen Diener", erwiderte der König.

Der Sänger war überwältigt von der Demut des Königs und verbeugte sich bis zum Boden zu dessen Füßen. An diesem Abend sang er schöner, als er es jemals getan hatte.

Sufi

Ein schöner Kratzer

Ein wohlhabender Kaufmann besaß einen großen und lupenreinen Diamanten. Der war sein ganz besonderer Schatz, und er zeigte ihn jedem, der zu ihm zu Besuch kam. Aber eines Tages, als er ihn hochhob, damit ein Besucher ihn besser sehen konnte, ließ er ihn aus Versehen fallen, und der Diamant fiel auf den Boden. Er rollte zur Eingangstür hinaus, sprang mehrere Stufen hinunter und landete schließlich auf einem steinigen Weg.

Der Kaufmann jagte ihm nach, und als er ihn aufhob, sah er, dass er einen tiefen Kratzer hatte.

Er versammelte alle Diamantschleifer der Stadt und bat sie, den ursprünglichen Zustand wieder herzustellen. Aber sie erklärten alle, dass der Kratzer so tief sei, dass er nie wieder rückgängig gemacht werden könne. Der Kaufmann war tief betrübt.

Der Weise kam durch die Stadt und hörte von der Not des Kaufmanns. Er ging zu seinem Haus und sagte: „Wenn du mir deinen Diamanten für einen Tag ausleihst, werde ich dich wieder glücklich machen." Der Kaufmann fürchtete zunächst, dass der Weise vorhatte, den Diamanten zu stehlen; aber der Weise sagte, er erlaube es gerne, dass die Diener des Kaufmanns ihm folgen, wo auch immer er hingehe. Also überließ der Kaufmann ihm den wertvollen Edelstein.

Der Weise brachte den Diamant zum besten Diamantschleifer der Stadt. Er gab dem Schleifer die Anweisung, er solle eine Rosenknospe genau über den Kratzer eingravieren, so dass der Kratzer wie der Stiel der Blume wirkte. Der Diamant war jetzt schöner als jemals zuvor – und der Kratzer war ein Teil seiner Schönheit. Der Weise gab dem Kaufmann den Diamanten zurück, der mehr als erfreut war.

Chassidisch

Honig aus dem Topf

Eine alte Frau kam zum Weisen zu Besuch. „Ich bin am Verzweifeln", rief sie aus. „Warum?", fragte der Weise. „Mein Sohn gibt all unser Geld für Honig aus", antwortete sie, „und er isst ihn dann auch gleich aus dem Topf. Jetzt ist er schrecklich fett, und wir stehen mittlerweile ohne Geld da."

Der Weise ging daraufhin zu dem jungen Mann, und der erzählte ihm, dass er Honig so sehr liebe, dass er nicht aufhören könne, davon zu essen. Der Weise lächelte und sagte, dass er in einem Monat wieder kommen wollte. Und jetzt begann er, genauso viel Honig wie der junge Mann zu essen, und nach einem Monat war auch er schrecklich fett. Dann kam er wieder.

Der jung Mann war erstaunt über das Aussehen des Weisen, und er war noch erstaunter, als der Weise ihm den Grund dafür nannte. „Magst du Honig?", fragte der junge Mann. „Ich mag ihn sehr", antwortete der Weise. „Ich mag ihn genau genommen so sehr, dass ich ihm jetzt kaum widerstehen kann." Der junge Mann lächelte, und der Weise sagte, dass er in einem weiteren Monat wieder kommen wolle.

Der Weise hörte nun auf, Honig zu essen; und nach einem Monat hatte er wieder sein ursprüngliches Gewicht. Der junge Mann wollte kaum seinen Augen trauen. „Jetzt weiß ich, dass es möglich ist, mit dem Honigessen aufzuhören", sagte der Weise. Der junge Mann aß nie wieder Honig.

Keltisch

Heimatstadt

Ein alter Mann beschwerte sich ständig bei seiner Frau und bei seinen Nachbarn über die Stadt, in der sie lebten. Sie sei so viel schlechter als die Stadt, in der er aufgewachsen war. Tag für Tag jammerte er: „Meine Heimatstadt war viel sauberer, ihre Gebäude viel schöner, die Atmosphäre viel reiner."

Der Weise kam vorbei, und die Frau des alten Mannes fragte ihn, ob er ihren Mann vom Jammern abbringen könne. „Ich bin es so leid", erklärte sie ihm, „wenn das noch lange so weitergeht, werde ich ihn verlassen müssen." „Wann hat dein Mann zum letzten Mal seine Heimatstadt gesehen?", fragte der Weise. „Er ist nicht mehr dort gewesen, seit wir vor fünfzig Jahren geheiratet haben", antwortete die Frau.

Der Weise ging zu dem alten Mann und sagte: „Ich habe gehört, dass deine Heimatstadt sehr sauber ist, ihre Gebäude sind sehr schön und ihre Luft bemerkenswert rein. Würdest du sie mit mir zusammen besuchen?" „Ich würde sehr gerne mitkommen", antwortete der alte Mann, „aber ich habe den Weg vergessen." „Mach dir darüber keine Gedanken", sagte der Weise, „man hat mir den Weg beschrieben."

Also begannen die beiden am nächsten Tag ihre Reise. Der Weise brachte den alten Mann zur schönsten Stadt, die er kannte. Als sie ankamen, weinte der alte Mann vor Freude. „Es ist genau, wie ich es gesagt habe", rief er aus, „die Straßen sind sauber, die Gebäude schön und die Luft ist rein."

Am Abend fanden sie eine Gaststätte, in der sie bleiben wollten. Beim Abendessen unterhielten sie sich mit den anderen dort, und im Laufe des Gesprächs war auch von der Stadt die Rede, allerdings hatte sie einen ziemlich anderen Namen als den von der Heimatstadt des alten Mannes. „Hat man den Namen der Stadt in den letzten fünfzig Jahren geändert?", fragte der alten Mann. „Nein", antworteten die anderen, „es ist immer derselbe gewesen."

Der alte Mann wandte sich an den Weisen, und er wurde rot vor Zorn. „Du hast mich getäuscht", schrie er. „Wenn ich noch Kraft in meinen Armen hätte, würde ich dich verprügeln, bis du um Gnade bitten würdest." „Nein", erwiderte der Weise, „du hast dich selber getäuscht. Du hast dir eine Vorstellung von deiner Heimatstadt immer genau so zurechtgelegt, wie du sie gerne haben wolltest."

Der alte Mann kehrte zu seiner Frau zurück; und er beschwerte sich nie mehr.

Taoistisch

Tonkrüge

Ein edler junger König wollte ein weiser Herrscher werden. Doch es verwirrte ihn, dass weise Menschen oft arm und einfach lebten und nicht so wohlhabend und vornehm wie er. Also lud er den Weisen zu sich in seinen Palast ein und bat ihn, ihm das zu erklären.

Der Weise antwortete mit einer anderen Frage: „Warum bewahrst du deinen Wein in Tonkrügen auf?" „Wie sollte ich ihn sonst aufbewahren?", fragte der junge König. „Jemand mit deinem Reichtum und von deinem Rang", antwortete der Weise, „sollte den Wein in silbernen und goldenen Fässern aufbewahren." Der Weise verließ daraufhin den Palast. Der König war nun doppelt verwirrt, denn er konnte nicht verstehen, warum der Weise über den Wein sprechen wollte. Nichtsdestoweniger befahl er, dass all sein Wein von den Tonkrügen in silberne und goldene Fässer umgefüllt werden soll.

Innerhalb weniger Wochen wurde des Königs Wein sauer. Er rief also den Weisen und verlangte zu erfahren, warum er ihm so einen schlechten Rat gegeben hatte. „Eure Majestät", erwiderte der Weise, „ich wollte euch zeigen, dass die besten und feinsten Dinge in den ärmsten und einfachsten Gefäßen aufbewahrt werden."

Der König verließ den Palast und ließ all seine feinen Gewänder zurück und lebte von nun an in einer einfachen Hütte und trug ein raues Gewand. Und da er sich um die Weisheit bemühte, respektierte sein Volk seine Herrschaft.

Chassidisch

Der philosophische Ringkampf

Ein Landbesitzer beschloss, sich auf den Weg zu machen, ein Gelehrter zu werden. Er wollte sich ganz dem Studium der Philosophie widmen. Seine Ländereien konnte er ganz einfach organisieren, indem er von seinem Verwalter jeden Morgen einen Bericht erhielt und einige Anweisungen gab. Aber trotzdem wollten die Leute ihn ständig sprechen. Verkäufer kamen zu seinem Haus, weil sie ihm neue Sorten von Getreide oder Maschinen verkaufen wollten, Arbeiter kamen, um sich darüber zu beschweren, wie der Verwalter sie behandelt hatte, und Nachbarn kamen, um mit ihm die Angelegenheiten des Ortes zu besprechen. So hatte er nie seinen Frieden, um seine Philosophie-Bücher zu lesen und ihren Inhalt zu meditieren.

Eines Tages schickte er einen Brief an alle Verkäufer, Arbeiter und Nachbarn und bat sie, ihn nicht mehr zu stören. Aber jeder von ihnen sagte sich: „ Ich bin mir sicher, dass es die anderen sind, die ihn stören, ich nicht. Schließlich scheint er sich doch jedes Mal zu freuen, wenn er mich sieht." Also kamen genauso viele Besucher wie bisher.

Er beschloss, den Weisen zu besuchen, der in dem Gebiet lebte, und ihn um Rat zu fragen. Der Weise sagte: „Es gibt nur einen Grund, weshalb Menschen von dir fern bleiben: Angst!" „Ich bin so ein milder Mann," antwortete der Landbesitzer, „wie kann ich Menschen Angst machen?" „Die Angst befindet sich in den Köpfen der Menschen," sagte der Weise, „nicht in dem, wovor sie Angst haben."

„Wie kann ich also die Angst in die Köpfe der Menschen hinein bekommen?", fragte der Landbesitzer. „Komm jeden Abend nach Einbruch der Dunkelheit zu mir," sagte der Weise „und sorge dafür, dass die Leute glauben, dass ich dir die Kunst des Ringens beibringe. Keiner darf dich jemals sehen, nicht einmal dein Verwalter. Während du bei mir bist, werden wir die philosophischen Themen diskutieren, von denen du während des Tages gelesen hast."

Der Landbesitzer tat es so, wie es der Weise vorgeschlagen hatte. Er verlangte vom Verwalter, ihm jeden Tag einen schriftlichen Bericht ins Haus zu geben, und er gab schriftliche Anweisungen. Er verließ das Haus jeden Abend nach Einbruch der Dunkelheit, so dass seine Gestalt schemenhaft gesehen wurde, wie er auf dem Weg war zu dem Ort, an dem der Weise lebte. Und er verbreitete überall, dass der Weise ihm die Kunst des Ringens beibrachte.

Die Menschen stellten sich vor, wie sein Körper von Muskeln strotzte, und wie sich seine Milde in Streitlust verwandelte. Sie bekamen Angst davor, ihn zu stören, so dass ihn keiner mehr besuchte, und er konnte nun in Ruhe Philosophie studieren.

Taoistisch

Das Gold eines Edelmannes

Der Weise besuchte einen Edelmann. Der besaß sehr viel Gold, und obwohl jeder von der Existenz des Goldes wusste, wusste keiner, wo er es aufbewahrte.

Eine Räuberbande aus einer anderen Stadt brach in die Villa des Edelmannes ein, und sie fanden den Weisen und den Edelmann, wie die beiden gerade zusammensaßen. Die Räuber hielten ihre Schwerter an die Kehle des Edelmannes und sagten: „Wenn du uns nicht sagst, wo das Gold versteckt ist, werden wir dich töten."

„Aber wenn ihr ihn tötet", warf der Weise ein, „dann wird er euch nicht mehr sagen können, wo das Gold versteckt ist. Warum bringt ihr nicht erst mich um? Dann wird er so entsetzt sein, wenn er erst mein Blut fließen sieht, dass er eure Frage beantworten wird." Die Räuber sahen ein, dass das nicht verkehrt war und wandten ihre Schwerter gegen ihn.

Wie sie ihn gerade töten wollten, sagte der Weise: „Vielleicht bin ich der Edelmann, und der andere und ich, wir tauschten unsere Kleider, als wir euch kommen sahen. Der größte Wunsch eines Edelmannes ist es, seinen Wohlstand an seinen Sohn weiter zu geben. Warum sonst hätte ich euch einladen sollen, mich zu töten?"

Die Räuber wussten jetzt nicht, welchen von beiden sie töten sollten, und während sie sich noch vor Verwirrung am Kopf kratzten, konnten der Weise und der Edelmann fliehen. Sie rannten durch die zahlreichen Korridore des Hauses, und die Räuber jagten hinter ihnen her, bis die Räuber sich nicht mehr auskannten. Dann sprangen die beiden aus einem Fenster und holten die Polizei.

Sufi

Die Sonne jagen

Ein junger Mann war besonders stark und flink, und er konnte sich rühmen, der beste Kämpfer der Welt zu sein. Aber weit davon entfernt, dass er seine Kraft und Fertigkeit dafür einsetzte, andere zu beschützen und zu verteidigen, genoss er es, wenn andere vor ihm Angst bekamen. Er suchte Streit mit Nachbarn und mit Fremden und provozierte dabei gerne einen Kampf, und da er all seine Gegner besiegte und ihnen dabei oft die Knochen brach, war er sehr gefürchtet.

Der Weise kam in der Nachbarschaft vorbei und setzte sich außen vor eine Gaststätte. Der junge Mann sah ihn und stolzierte auf ihn zu. „Wer bist du?", fragte der junge Mann in aggressivem Ton. „Ich bin kein Besonderer", erwiderte der Weise, „Ich wandere von Ort zu Ort." „Und was machst du?" Der junge Mann ließ nicht locker, und seine Stimme wurde noch schärfer. „Nichts besonderes", erwiderte der Weise. „Ich denke." „Ich verachte das Denken", sagte der junge Mann und spuckte auf die Füße des Weisen. „Auf die Kraft kommt es an." Und der junge Mann ließ seine Muskeln spielen.

„Hat jeder Angst vor dir?", fragte der Weise. „Natürlich!", antwortete der junge Mann, und sein Gesicht leuchtete vor Stolz. „Sie rennen davon, wenn sie mich sehen!" „Haben Tiere Angst vor dir?", fragte der Weise. „Natürlich!", antwortete der junge Mann und streckte seine Brust heraus. „Auch sie rennen davon, wenn sie mich sehen!"

„Hat die Sonne Angst vor dir?", fragte der Weise. Der junge Mann zögerte, weil er die Antwort nicht wusste. Dann aber platzte es aus ihm heraus: „Natürlich hat sie Angst!" „Und rennt sie auch weg vor dir?", fragte der Weise. Der junge Mann errötete vor Verwirrung. „Ich habe nie versucht, sie zu jagen", antwortete er. „Ich fordere dich heraus", sagte der Weise, „heute Abend, wenn die Sonne untergeht, renne ihr nach, und schau, ob sie dann schneller untergeht."

Der junge Mann konnte einer Herausforderung nicht widerstehen. An diesem Abend, als die Sonne im Westen anfing unterzugehen, begann der junge Mann, auf sie zu zu rennen. Die Nacht brach herein, und der Weise konnte den jungen Mann gerade noch weit entfernt am Horizont laufen sehen. Der Weise legte sich schlafen.

Am nächsten Tag kam der junge Mann zurück – vollkommen erschöpft. „Was ist geschehen?", fragte der Weise. „Als ich auf die Sonne zu rannte", sagte der junge Mann, und rang um Atem, „weigerte sie sich unterzugehen. Sie blieb widerspenstig am Himmel. Erst als ich vor Erschöpfung zusammenbrach, ging sie endlich unter."

Der Weise legte seinen Arm um die Schulter des jungen Mannes und sagte: „Gebrauche deine Kraft und Gewandtheit, um die Schwachen zu beschützen und den Bedürftigen zu helfen. Dann werden andere dich sehr gerne vor deiner eigenen Dummheit beschützen."

Taoistisch

Rennen ums Land

Ein Landeigentümer war bekannt für seine Güte gegenüber seinen Arbeitern. Sein Anwesen war riesig, und er beschäftigte mehrere hundert Männer und Frauen. Er kannte sie alle beim Namen, er zahlte ihnen gute Löhne, und er versorgte sie mit guten Unterkünften, in denen sie leben konnten. Jeder war zufrieden – außer einem Mann, der für sich selber ein eigenes Land haben wollte.

Dieser Mann ging zum Haus des Landbesitzers und bat ihn, dass er ihm Land geben möge. „Du würdest den Verlust von ein paar Feldern kaum bemerken", sagte der Mann, „während der Besitz von ein paar Feldern mein Unglück in Freude verwandeln würde." „Aber wenn jeder ein paar Felder nimmt", entgegnete der Landbesitzer, „würde das Anwesen verschwinden – und die Leute würden nicht mehr zusammenarbeiten."

Der Mann ging weg und ließ den Kopf hängen. Aber während der nächsten Tage wurde sein Verlangen nach Land sogar noch stärker, und eine Woche später kam er wieder mit derselben Bitte zum Landbesitzer. Der Landbesitzer weigerte sich wieder. Aber das Verlangen des Mannes wuchs und wuchs. Tatsächlich kam der Mann also ein ganzes Jahr lang jede Woche zum Haus des Landbesitzers und bat immer wieder um Land. Der Weise kam durch die Gegend, und der Landbesitzer bat ihn um Rat. Der Weise sagte zum Landbesitzer: „Gib dem Mann so viel Land, wie er an einem Tag zu Fuß umrunden kann, von Sonnenaufgang bis Sonnenuntergang. Aber verlange von ihm, dass er am Abend an dem Ort ankommt, an dem er begonnen hatte, so dass der Kreis vollendet wird."

Der Grundbesitzer erzählte dem Mann, was der Weise ihm vorgeschlagen hatte. Der Mann war hoch erfreut. Und bei Sonnenaufgang am nächsten Tag trafen sie sich an einem bestimmten Punkt, gemeinsam mit vielen Zuschauern, und der Mann begann seinen Lauf, so schnell er konnte.

Zur Mittagszeit, als die Sonne hoch am Himmel stand, war er sehr zufrieden mit der großen Strecke, die er bis dahin zurückgelegt hatte. Aber als die Sonne langsam sank, wurden seine Beine schwerer, und er lief immer langsamer. Und als die Sonne im Westen den Horizont berührte, war er noch weit von dem Punkt entfernt, an dem er gestartet war. Er konnte in weiter Ferne sehen, wie der Landbesitzer auf ihn wartete.

Der Mann versuchte, schneller zu laufen; aber je stärker er es versuchte, desto schwerer wurden seine Beine. Und als die Sonne hinterm Horizont verschwand, brach der Mann zusammen. Der Landbesitzer rannte zu ihm und wischte ihm das Gesicht mit einem kühlen, feuchten Tuch ab. „Deine eigene Gier hat dich besiegt", sagte er. Und von da an war der Mann damit zufrieden, auf dem Anwesen zu bleiben und für den Landbesitzer zu arbeiten.

Keltisch

Einen Fisch fangen

Ein Mann besaß eine große Fabrik, in der er eintausend Arbeiter angestellt hatte, die die verschiedensten Dinge dort produzierten. Obwohl die Fabrik einen kleinen Gewinn abwarf, war es dem Besitzer
aber nicht möglich, die Arbeiter noch effizienter arbeiten zu lassen.
Als Ergebnis war er ständig in Sorge, dass andere Fabrikanten seine
Preise unterbieten und ihn so aus dem Geschäft drängen könnten.

Er beschloss, strenger und härter zu den Arbeitern zu sein. Er
stellte Aufseher an, die ihm jeden Arbeiter meldeten, der langsamer
zu werden schien, und er entließ den Arbeiter dann sofort. Das Ergebnis war, dass die Arbeiter alle hart arbeiteten. Aber sie gaben sich
keine Mühe mehr bei ihren Anstrengungen, und viele der Produkte
wurden fehlerhaft; und die Fabrik wurde ein sehr unglücklicher Ort.

Das war offensichtlich nicht gut, und so versuchte er es mit dem
anderen Extrem und erlaubte den Arbeitern, ganz nach ihrer eigenen
Geschwindigkeit zu arbeiten, und sie durften Pausen machen, wenn
sie sich müde fühlten. Es herrschte eine gemütliche Atmosphäre in
der Fabrik und die Qualität der Produkte wurde besser, aber die
Quantität ging plötzlich stark zurück.

Schließlich ging der Fabrikbesitzer zum Weisen und bat ihn um
Rat. Der Weise nahm drei Angelruten und ein paar Köder und führte
den Fabrikbesitzer zu einem Fluss. Er gab dem Besitzer eine Rute, be-
festigte einen Köder am Haken und sagte ihm, er solle die Schnur zu
Wasser lassen. Als ein Fisch anbiss, schrie der Weise: „Zieh mit all deiner Kraft!" Der Besitzer zog mit all seiner Kraft – und die Rute zerbrach.

Der Weise gab dem Besitzer eine zweite Rute. Als erneut ein Fisch
anbiss, flüsterte der Weise: „Lass den Fisch Schnur nehmen!" Der Besitzer gab Schnur nach, und der Fisch zog ihm die Leine von der Rolle
– und schwamm davon.

Der Weise gab ihm die dritte Angelrute. Als ein Fisch an den Köder biss, sagte der Weise in einer normalen Stimme: „Nimm Fühlung

mit dem Fisch auf! Zieh die Angel mit genau der gleichen Kraft hoch, mit der der Fisch nach unten zieht." Die Angel zerbrach nicht, und der Fisch konnte kaum Schnur abziehen. Als schließlich der Fisch völlig erschöpft war, konnte der Besitzer ihn ohne Anstrengung an Land ziehen.

Der Weise bat den Fabrikanten, den Fisch zu enthaken, und in den Fluss zurückzusetzen. Während er das tat, sagte der Weise: „Wenn deine Arbeiter sich nicht so verhalten, wie du es möchtest, dass sie sich verhalten, zieh mit genau der gleichen Kraft in die entgegengesetzte Richtung." Bald produzierte die Fabrik Güter in der bestmöglichen Qualität und der größtmöglichen Quantität, Löhne und Gewinne schnellten hoch, und sowohl der Eigentümer als auch die Arbeiter waren glücklich.

Taoistisch

Unerwünschte Besucher

Ein Kaufmann hatte über viele Jahre einen sehr großen Wohlstand angesammelt. Nun wurde es ihm leid, dass so viele Menschen ihn besuchen wollten. Arme Leute kamen, um ihn um Geld zu bitten; und reiche Leute kamen in der Hoffnung, mit ihm Geschäfte machen zu können, um noch reicher zu werden. Der Kaufmann wollte einfach in Ruhe gelassen werden, so dass er in Ruhe seine Geschäfte erledigen und seine Freizeit der Philosophie widmen könnte.

Der Weise kam durch die Stadt, in der der Kaufmann lebte, und der Kaufmann erzählte ihm von seiner Not. „Ich werde dir die Lösung für dein Problem sagen", sagte der Weise, „wenn du heimlich zustimmst, dass du all deinen Gewinn dem örtlichen Krankenhaus gibst." Der Kaufmann stimmte der Bedingung zu.

„Wenn ein Armer zu deiner Tür kommt", sagte der Weise, „biete ihm einen Kredit an. Und wenn ein Reicher kommt, bitte ihn um einen Kredit."

Der Kaufmann nahm den Rat des Weisen an, und bald kam keiner mehr zu seiner Tür, außer denen, die er einlud. Jetzt konnte er nicht nur Philosophie studieren, sondern er konnte sich während seiner Arbeitsstunden ganz auf seine Geschäfte konzentrieren. Als Ergebnis hatte er noch viel mehr Gewinn – so dass das Krankenhaus ausgebaut werden konnte, und jeder Kranke in der Stadt konnte behandelt werden.

Sufi

Bogenschießen lernen

Ein junger Mann wollte unbedingt das Bogenschießen lernen. Er wollte der beste Bogenschütze der Gegend werden und den ersten Preis bei jedem Wettkampf gewinnen. Also erwarb er den besten Bogen und die besten Pfeile, die man für Geld kaufen konnte.

Aber es stellte sich heraus, dass er vollkommen ungeeignet war: Wenn er auf einen Baum zielte, konnte es gut passieren, dass sein Pfeil eine nahe Hecke traf, wenn er auf eine Hecke zielte, konnte es gut passieren, dass sein Pfeil an der Nase einer nahen Kuh vorbeiflog. Schließlich kam er verzweifelt zum Weisen und fragte, wie er sich verbessern könnte.

Der Weise sagte ihm: „Jedes Mal, wenn du etwas erreichen willst, musst du bedenken, wie du dich am besten vorbereiten kannst." „Wie bereite ich mich auf das Bogenschießen vor?", fragte der junge Mann. „Geh zu einem Weber", antwortete der Weise, „und bitte ihn, ob du unter seinem Webstuhl liegen kannst, jeden Tag, einen Monat lang. Wenn das Webschiffchen vor deinen Augen hin und her geht, versuche nicht zu blinzeln!" Der junge Mann tat, wie es der Weise empfohlen hatte, und lernte, sein Blinzeln zu kontrollieren.

Er kehrte zum Weisen zurück und fragte: „Bin ich jetzt soweit, dass ich das Bogenschießen wieder aufnehmen kann?" „Nein", antwortete der Weise. „Du musst jeden Tag einen Floh fangen und an dem Haar vom Schwanz eines Pferdes befestigen. Bei Sonnenuntergang, hängst du den Floh an ein Fenster, das nach Westen zeigt; beobachte den Floh mit der Sonne dahinter." Der junge Mann tat das jeden Abend, einen Monat lang. Allmählich schien der Floh größer zu werden, bis er so groß war wie ein Wagenrad. Und wenn er andere Dinge ansah, erschienen auch sie sehr groß.

Er kehrte zum Weisen zurück, und der Weise sagte ihm, dass er nun soweit sei, das Bogenschießen wieder aufzunehmen. Begeistert nahm der junge Mann seinen Bogen; und er stellte fest, dass er nun das Ziel mit jedem Pfeil treffen konnte. Wenn er das Ziel ansah, konnte er es genau in den Blick nehmen, ohne blinzeln zu müssen, und es wirkte so groß, dass es seine ganze Sicht ausfüllte. Und damit gewann er jeden Wettbewerb.

Taoistisch

Alte Zwillinge

Zwei betagte Brüder waren eineiige Zwillinge; sie hatten dieselbe Gestalt und dieselben natürlichen Begabungen. Der eine hatte immer wieder große Erfolge genießen können und war wohlhabend; er lebte in einem großen Haus und aß die feinsten Speisen und gutes Fleisch. Der andere hatte zahlreiche Fehlschläge erlitten und war arm; er lebte in einer armseligen Hütte und aß Hirse und Gemüse.

Der Erfolgreiche war stolz auf das, was er erreicht hatte, und behandelte seinen Bruder mit Verachtung. Er warf ihm vor, faul gewesen zu sein. Der Erfolglose ärgerte sich über seine Fehlschläge und war verbittert. Er warf ihm vor, dass er seinen Wohlstand mit unehrenhaften Mitteln erworben hätte. Wenn sie sich trafen, stritten und zankten sie.

Eines Tages sagte der Erfolgreiche: „Bald werden wir beide sterben; wir sollten uns wieder miteinander versöhnen, bevor es zu spät ist." „Sehr gut", antwortete der Erfolglose, „lass uns den Weisen darum bitten, dass er uns dabei helfe." Also gingen sie zum Weisen.

Der Weise fragte den Erfolgreichen: „Wann warst du in deinem Leben am glücklichsten?" Der Erfolgreiche dachte einen Moment nach und sagte dann: „Als ich ein kleiner Junge war, ich spielte frei auf den Wiesen und in den Wäldern und hatte keinerlei Sorgen."

Der Weise fragte den Erfolglosen: „Wann warst du am glücklichsten?" Der Erfolglose dachte einen Moment nach und sagte dann: „Als ich ein kleiner Junge war, ich spielte frei auf den Wiesen und in den Wäldern und hatte keinerlei Sorgen."

Daraufhin sagte der Weise zu beiden: „Jetzt, da ihr alt seid, werdet wieder wie Kinder!" Sie erwarben sich also ein bescheidenes Haus, gerade wie das, in dem sie aufgewachsen waren, aßen Speisen wie früher, und gingen zusammen jeden Tag über die Wiesen und durch die Wälder. Sie waren glücklich. Und sie starben am gleichen Tag und hielten einander in den Armen.

Taoistisch

Der Schatz der Natur

Ein älterer Mann hatte einen kleinen Bauernhof. Dort gab es sehr viele außergewöhnlich gute Obstbäume und fruchtbare Büsche. Viele Jahre hatte er sorgfältig Büsche und Bäume gepflegt und beschnitten und Schädliches beseitigt, so dass sie jedes Jahr eine reichliche Ernte ergaben.

Aber dieser Mann hatte drei Söhne, die faul waren. Sie verbrachten alle ihre Zeit damit, zu trinken, zu spielen und junge Frauen zu verführen. Er machte sich Sorgen, dass sie nach seinem Tod den Hof vernachlässigen und schließlich verhungern würden.

Der Weise war gerade in der Nachbarschaft, und er bat ihn um Rat. „Du musst dich selber sofort vom Arbeiten zurückziehen", sagte der Weise. „Deine Söhne übernehmen jetzt." Der alte Bauer war verblüfft, aber er tat, wie es ihm der Weise aufgetragen hatte – er hörte auf zu arbeiten.

Der Weise ging zu den drei Söhnen und sagte zu ihnen: „In diesen Feldern bei den Büschen ist ein großer Schatz vergraben – genug, um euch für den Rest eures Lebens mit Essen und Kleidung zu versorgen." Die jungen Männer waren begeistert von der Aussicht, einen Schatz zu finden. Also begannen sie sofort, um jeden Busch herum zu graben; und wo ihnen Zweige im Weg waren, schnitten sie sie zurück.

Als Ergebnis ihres Grabens und Schneidens trugen die Büsche wie noch nie. Sie sammelten die Früchte ein und brachten sie zum nahen Markt, wo sie weit mehr Geld bekamen, als sie für Essen und Kleidung im nächsten Jahr brauchen würden.

Der Weise traf sie auf dem Markt; er war ihnen heimlich gefolgt. Als sie gerade ihr Geld in ihre Taschen steckten, sagte er zu ihnen: „Wie ich sehe, habt ihr den Schatz gefunden." Zuerst schauten sie verdutzt auf – und dann verstanden sie. Von nun an arbeiteten sie hart, und sie hatten alle genug, um zu heiraten und Kinder zu bekommen. Und ihr Vater starb in Frieden.

Sufi

Der Tod des Sohnes

Ein Mann und eine Frau hatten einen Sohn, den sie sehr lieb hatten. Im Alter von zwanzig Jahren fiel dieser Sohn in einen Brunnen und starb. Der Mann und die Frau waren vom Schmerz überwältigt.

Im Lauf der Wochen und Monate konnte sich die Frau wieder beruhigen, und sie war in der Lage, ihre normalen Beschäftigungen wieder aufzunehmen. Aber der Mann konnte nicht aufhören zu trauern. Tagsüber saß er im Haus und weinte, und nachts wanderte er durch den nahegelegenen Wald und schlug mit seinen Fäusten gegen die Bäume. Er versäumte es, im Frühling Samen auszusäen, und seine Felder wurden von Unkraut überwuchert. Seine Frau versuchte, ihn zu trösten, aber ihre Worte und Umarmungen verstärkten seine Traurigkeit nur. Also sandte sie eine Botschaft an den Weisen, und bat ihn, zu kommen und mit ihrem Mann zu sprechen.

Der Weise sprach zu dem Mann: „Denke im Geist zurück, vor vierzig Jahren in deiner eigenen Kindheit!" Der Mann tat es, und die Erinnerungen erfüllten ihn, wie es damals war und wie er mit Freunden spielte. Dann sagte der Weise: „Denke im Geist zurück, vor fünfundzwanzig Jahren, an die Zeit, als du deine jetzige Frau kennen lerntest." Der Mann tat es, und die Erinnerungen an die damals neue Liebe erfüllten ihn.

Der Weise kam zum Schluss: „In jenen Tagen, da hattest du keinen Sohn; und jetzt wieder, jetzt hast du keinen Sohn." Der Mann hörte auf zu trauern und ging auf die Felder, um das Unkraut zu jäten.

Taoistisch

Wie das Leben vergeht

Eine junge Frau sagte zum Weisen: „Alte Menschen tun mir leid."
„Warum?", fragte der Weise. „Weil das meiste ihres Lebens hinter ihnen liegt, und bald werden sie tot sein."

„Hast du also irgendeinen Plan, wie du diesen unglücklichen Zustand für dich vermeiden möchtest?", fragte der Weise. „Ja", antwortete die junge Frau, „ich möchte sterben, wenn ich noch jung bin."
„Dann", sagte der Weise, „liegt das meiste deines Lebens bereits hinter dir."

Chassidisch

Kinder in einem brennenden Haus

Ein Adliger hatte zehn Kinder. Seine Frau war bei der Geburt des jüngsten gestorben. Sie lebten in einer großen Villa, die sehr alt war. Sie hatte nur eine Tür, und die Fenster waren nur enge Schlitze. Der Adlige war ein recht sanfter Mann mit einer leisen Stimme, und seine Kinder hatten die Gewohnheit, ihn einfach zu ignorieren.

Eines Tages brach in dem Haus ein Feuer aus, und schnell griff es auf viele Zimmer des Hauses über. Die Kinder spielten alle in einem Raum, der von der einen Haustür weit entfernt lag. Der Vater eilte zu diesem Zimmer. „Das Haus brennt!", rief er so laut er konnte. „Ihr müsst losrennen, sonst werdet ihr hier verbrennen und sterben." Aber die Kinder waren so in ihr Spiel versunken, dass sie nicht auf ihn achteten. Er rief noch einmal, aber wieder ignorierten sie ihn.

Der Adlige rannte durch die Flammen zur Tür und hinaus in den Garten. Er raufte sich die Haare vor Verzweiflung. Mittlerweile hatte sich eine Menschenmenge versammelt, die das Feuer sehen wollte, und auch der Weise war mit dabei. Als der Weise den Hausherrn sah, rannte er zu ihm hinüber, um ihn zu trösten. Der Adlige erzählte ihm, dass seine Kinder noch in dem Haus waren, und auf seinen Ruf nicht reagiert hätten. „Ich verliere nicht nur mein schönes Haus", weinte er, „sondern auch meine Kinder."

Der Weise fragte den Adligen nach dem Weg zu dem Zimmer, in dem die Kinder spielten. Dann rannte er ins Haus. Als er das Zimmer erreichte, sagte er zu den Kindern: „Euer Vater hat viele wunderbare neue Spielsachen für euch gekauft. Sie sind draußen im Garten, also kommt und schaut sie euch an!"

Sofort ließen die Kinder ihr Spielen sein und folgten dem Weisen. Er führte sie durch die Flammen zur Tür und hinaus in den Garten. Ihre Kleider waren versengt, aber ansonsten waren sie unverletzt.

Die Kinder umarmten ihren Vater, und dann umarmten sie den Weisen, und sie dankten ihm, dass er ihnen das Leben gerettet hatte.

„Ihr habt mir, einem Fremden, eine Lüge geglaubt", sagte der Weise, „aber ihr habt die Wahrheit eures Vaters missachtet."

Während des folgenden Jahres stellte der Adlige hundert Arbeiter an, um mit ihnen das Haus wieder aufzubauen. Und für den Rest ihres Lebens hörten seine Kinder immer sehr sorgfältig auf das, was er sagte – und daher lernten sie sehr viel Weisheit von ihm.

Taoistisch

Eine perfekte Spiegelung

Zwei Maler lebten in einer Stadt, und jeder behauptete, besser als der andere zu sein.

Immer wenn sie sich in der Straße oder in einem Wirtshaus trafen, begannen sie, über ihre jeweiligen Erfolge zu streiten.

Der Weise kam in die Stadt und hörte, wie sich die Künstler stritten. Er ging auf sie zu und sagte: „Ich bin genauso gut wie ihr beide; und das heißt, dass ihr beide gleich gut seid." Die beiden Künstler starrten ihn ungläubig an, und dann sagten sie gemeinsam: „Beweise es!"

Der Weise überredete die Ladenbesitzer am Marktplatz, zwei Tafeln in der Mitte des Platzes aufzurichten, und Farben in jeder Schattierung zur Verfügung zu stellen. Der Weise lud die zwei Künstler dazu ein, zum Marktplatz zu kommen. „Jeder von euch soll von der einen Tafel eine Hälfte bemalen", sagte er, „und ich werde auf der anderen malen. Dann sollen die Leute über uns entscheiden." Die beiden Künstler nahmen die Herausforderung an.

Die zwei Künstler und der Weise arbeiteten mehrere Tage an ihren Tafeln. Der eine Künstler malte ein Bild von einem fruchtbaren Tal, während der andere einen hohen Berg malte. Der Weise aber malte mehrere Schichten Silberfarbe auf seine Tafel, und jedes Mal wenn die Schicht trocken war, polierte er sie gründlich, bevor er die nächste Schicht auftrug.

Nach einer Woche einigten sich die Künstler und der Weise dann darauf, dass sie fertig waren, und sie luden die Leute der Stadt dazu ein, ihre Arbeiten zu beurteilen. Die Leute bewunderten sowohl das Bild vom Tal als auch das Bild vom Berg. Dann wandten sie sich der Tafel des Weisen zu – und sahen ein perfektes Spiegelbild von den beiden anderen.

Als die Leute sich beide Tafeln angesehen hatten, fragte sie der Weise: „Gleicht mein Bild dem Bild der beiden anderen?" Und sie antworteten alle: „Ja." Dann sprach er zu den beiden Künstlern: „Ein

Kunstwerk ist die Spiegelung der Vision eines Menschen. Und die Vision eines Menschen ist immer so gut wie die eines anderen."

Die beiden Künstler stritten nie mehr miteinander, und stattdessen bewunderten sie von nun an ihre Gemälde gegenseitig. Und die beiden Tafeln blieben auf dem Marktplatz stehen, so dass jeder sie anschauen konnte.

Sufi

Grüne Salbe

Die wohlhabendste Familie in einer Stadt hatte ihr Vermögen mit dem Bleichen von Seide gemacht. Seidenproduzenten aus der ganzen Gegend brachten ihre ungebleichte Seide zu dieser Familie, die sie dann in perfektem Weiß zurückgab. Die Familie hatte die meisten Leute der Stadt bei sich angestellt, und sie zahlte sehr niedrige Löhne – so dass der Wohlstand der Familie noch mehr wuchs.

Der Weise kam in die Stadt und sah das Elend der Leute. Er besuchte die Fabrik und beobachtete die Menschen dort bei ihrer Arbeit. Es fiel ihm auf, dass sie jeden Tag nach der Arbeit am Ende ihre Hände mit einer grünen Salbe bestrichen. Diese verhinderte es, dass die Haut ihrer Hände von der Bleiche angegriffen wurde.

Danach ging der Weise zum Familienoberhaupt und sagte: „Ich hätte gerne das Rezept von eurer grünen Salbe." „Das Rezept ist geheim", erwiderte das Familienoberhaupt, „es wurde von einem unserer Vorfahren entwickelt und wurde seitdem immer vom ältesten Sohn an den ältesten Sohn weitergegeben." „Wenn ich dir einhundert Silbermünzen bezahle", sagte der Weise, „würdest du mir dann das Rezept verkaufen?" Beim Gedanken an die Münzen begannen die Augen des Mannes zu funkeln. „Ich werde die anderen der Familie befragen", sagte er, „und morgen früh werde ich dir meine Antwort mitteilen." Der Weise wusste, dass die Gier der Familie sie dazu bringen würde, ihm das Rezept zu verkaufen.

An diesem Abend rief der Weise die Leute der Stadt zu einem geheimen Treffen und sagte zu ihnen: „Wenn mir jeder von euch eine Silbermünze gibt, werde ich euch reich machen und die wohlhabende Familie arm." Obwohl eine Silbermünze für jeden ein beträchtlicher Teil der Ersparnisse war, entschieden sie sich, das Risiko einzugehen und dem Weisen zu vertrauen. So konnte er gerade knapp über einhundert Münzen einsammeln.

Und am nächsten Morgen ging der Weise zum Oberhaupt der reichen Familie, und der sagte ihm: „Ich habe mich mit den anderen Familienmitgliedern beraten, und wir haben uns darauf geeinigt, dass wir dir das Rezept für die grüne Salbe für einhundert Silbermünzen verkaufen." Der Weise übergab die Münzen und nahm das Rezept.

Der Weise reiste daraufhin in die Hauptstadt des Landes und ging zu dem General, der die Armee befehligte. „Wenn du Krieg führst in sehr kalten oder sehr warmen Orten", sagte er, „dann wird die Haut an den Händen deiner Soldaten so wund und rissig, dass sie kaum noch ihre Waffen halten können. Ich werde mit ihnen marschieren, und ich werde ihnen eine grüne Salbe bereiten, die die Haut schützen wird. Wenn es funktioniert, so bitte ich dich für jeden Tag um einhundert Silbermünzen." Der General stimmte zu – es war eine kleiner Preis dafür, den Feind zu besiegen.

So marschierte der Weise mit den Soldaten beim nächsten Feldzug mit. Der dauerte einhundert Tage, und am Ende hatte er zehntausend Silbermünzen. Dann gab er das Rezept zur weiteren Verwendung dem General und kehrte zu der Stadt zurück, in der er es gekauft hatte – mit einem Wagen voll mit Münzen. Er verteilte die Münzen an die Leute und gab ihnen auch das Rezept. Mit dem Geld eröffneten die Leute ihre eigenen Fabriken zum Bleichen von Seide. So wurden die Leute so wohlhabend, wie es der Weise versprochen hatte, während die wohlhabende Familie keine Arbeiter mehr hatte und arm wurde.

Der Weise versammelte daraufhin die Leute und sagte zu ihnen: „Die reiche Familie ist durch ihre Gier arm geworden, während ihr durch euer Vertrauen reich geworden seid."

Taoistisch

Die Würde eines Königs

An einem Wintertag entschieden der König und seine Offiziere, zur Jagd zu gehen. Zufällig war der Weise gerade in der Nähe, und der König lud ihn dazu ein.

Sie ritten den ganzen Tag durch die Wälder, Berge hinauf und hinunter, um das Wild zu jagen. Alles Wild konnte aber unversehrt entkommen. Der Weise war darüber zwar erleichtert, aber der König und seine Offiziere hatten in ihrer Enttäuschung nicht beachtet, wie die Zeit vergangen war. Als das Licht schon nachließ, bemerkten sie entsetzt, dass sie weit vom Schloss entfernt waren – viel zu weit, um noch vor Einbruch der Dunkelheit bis dorthin zurückreiten zu können.

Sie kamen an eine Lichtung, auf der eine kleine Hütte stand. Rauch kam aus dem Kamin, und der König, der bereits fror, lächelte schon bei der Aussicht darauf, sich bei einem Feuer wärmen zu können. „Wir werden die Nacht hier verbringen", gab der König bekannt. „Eure Majestät", protestierte der oberste Offizier, „es ist unter der Würde eines Königs, bei einem niedrigen Bauern zu wohnen. Wir müssen weiter durch die Nacht reiten."

Der Weise fror auch. „Eure Majestät", sagte er, „die Würde eines Königs kann nicht erniedrigt werden, aber die Würde eines Bauern kann erhöht werden." Der König stieg vom Pferd ab und klopfte an die Tür der Hütte – in der sie dann alle einen sehr glücklichen Abend und eine angenehme Nacht verbrachten.

Sufi

Verdünnter Honig

Ein Kaufmann, der mit dem Verkauf von Honig ein Vermögen gemacht hatte, kam zum Weisen. Er hatte Tränen in den Augen und
seine Hände zitterten. „Was ist los?", fragte der Weise. „Mich quält
meine Schuld", antwortete der Kaufmann. „Wodurch bist du schul-
dig?", fragte der Weise.

„Vor vielen Jahren", erzählte der Kaufmann, „entdeckte ich eine
Methode, wie man Honig verdünnen kann. Dadurch habe ich für jeden Honigtopf, den ich verkauft habe, einen Gewinn von fünf Silbermünzen gemacht. Aber jetzt, wo ich älter werde, nimmt die Freude
am Wohlstand schnell ab, während die Gewissensbisse für meine Taten zunehmen."

„Warum bekennst du deine Schuld nicht deinen Kunden", sagte
der Weise, „und gibst ihnen von deinem unehrlichen Gewinn
zurück?" „Dann würde man mich vor Gericht schleppen und ins Ge-
fängnis werfen", erwiderte der Kaufmann. „Und außerdem würde
meine Frau in Armut weiterleben müssen."

„Also gut", sagte der Weise, „ich werde eine leichtere Lösung
vorschlagen. Aber erst musst du versprechen, dass du jeden zusätz-
lichen Gewinn, den du dadurch machst, den Armen gibst." Der
Kaufmann konnte zwar nicht verstehen, was der Weise hier mit zu-
sätzlichem Gewinn meinte, nichtsdestoweniger gab er gerne das
Versprechen.

„Während des nächsten Monats", sagte der Weise, „verringerst
du den verdünnten Anteil so, dass du für jeden Honigtopf nur noch
einen Gewinn von vier Silbermünzen machst. Komm dann zu mir
zurück." Der Kaufmann verringerte den Anteil entsprechend. Die
Kunden bemerkten, dass der Geschmack des Honigs besser geworden war – und der Verkauf nahm zu.

Einen Monat später kam er also wieder zum Weisen. „Während
des nächsten Monats", sagte der Weise, „verringerst du den Teil des
Verdünnten soweit, dass du nur noch drei Silbermünzen pro Topf ver-

dienst. Komm danach zu mir zurück." Der Kaufmann verringerte also den Anteil weiter. Die Kunden bemerkten, dass der Geschmack seines Honigs jetzt sogar noch besser geworden war – und der Verkauf nahm noch mehr zu.

Danach verringerte er nach Anweisung des Weisen den Gehalt des Verdünnten soweit, dass sein Gewinn nur noch zwei Münzen war – und seine Verkäufe nahmen sogar noch mehr zu. Schließlich hörte er ganz mit dem Verdünnen seines Honigs auf, so dass der Honig rein war, und sein Gewinn war für jeden Topf eine einzige Münze. Der Honig schmeckte jetzt so gut, dass die Leute von nah und fern kamen, um ihn zu kaufen. Seine Verkäufe waren über fünf mal so hoch im Vergleich zu vorher, so dass sein Gesamtgewinn sogar gestiegen war – und jeden Monat gab er den überschüssigen Gewinn an die Armen.

Der Kaufmann brachte dem Weisen einen Topf mit Honig als Zeichen seiner Dankbarkeit. „Ehrlichkeit bringt nicht immer Gewinn", bemerkte der Weise mit einem Lächeln, „aber oft. Außerdem würdest du den Armen jetzt kein Geld geben, wenn du schon immer ehrlich gewesen wärst. Deine vergangene Unehrlichkeit nützt jetzt also den Armen."

Chassidisch

Die trauernde Witwe

Ein älteres Paar lebte in einer Hütte am Rande einer Stadt. Jeder beneidete sie um die Harmonie in ihrer Ehe. Sie stritten nie und waren immer liebevoll zueinander. Aber nach fast fünfzig Jahren solchen Glücks wurde der Mann krank und starb.

Seine Witwe war vom Schmerz überwältigt. Ihre Kinder versuchten sie zu trösten, aber ohne Erfolg. Ihre Nachbarn konnten auch nicht helfen. Auch nach mehreren Monaten liefen von morgens bis abends Tränen über ihre Wangen.

Der Weise kam durch die Stadt und hörte von der trauernden Witwe. Er ging zum Goldschmied der Stadt, der ein freundlicher Mann war. Den bat er, ob er ihm einen goldenen Ring ausleihen würde. Er brachte den Ring zu der Frau und sagte: „Ich möchte, dass du ihn der Familie gibst, die keine Sorgen hat."

Die Frau ging los, um nach so einer Familie zu suchen. Sie besuchte jedes Haus in der ganzen Gegend und konnte aber niemanden finden, der frei von aller Sorge gewesen wäre. Schließlich kehrte sie nach Hause zurück und gab den Ring dem Weisen wieder, der ihn dem Goldschmied zurückgab. Ihre Trauer war vorbei.

Keltisch

Das Dilemma eines Kaufmanns

Ein reicher Kaufmann und seine Frau hatten einen Sohn und eine Tochter. Als der Sohn und die Tochter erwachsen waren, heirateten sie und zogen in andere Städte weg. Kurz danach starb die Frau des Kaufmanns, und innerhalb von einem Jahr ging es mit seinem Geschäft bergab, und er hatte kein Geld mehr. Er schrieb an seinen Sohn und bat ihn, ob er bei ihm leben könnte, aber er erhielt keine Antwort. Dann schrieb er an seine Tochter, und sie schrieb zurück, dass sie zu beschäftigt wäre, um sich um ihn zu kümmern.

Der Kaufmann ging zum Weisen und bat ihn um Rat. „Möchtest du dein Geschäft wieder anfangen?", fragte der Weise. „Jetzt, da meine Frau tot ist und meine Kinder mich nicht mehr kennen wollen", erwiderte der Kaufmann, „da habe ich auch keinen Eifer mehr fürs Geschäft." „Dann musst du", sagte der Weise, „dich als erstes darauf konzentrieren, dass du eine neue Frau findest."

Der Kaufmann kannte eine Frau, die kürzlich erst ihren Mann verloren hatte, und ging sie besuchen. Sie entwickelten eine herzliche Freundschaft, aus der Liebe erwuchs. Nachdem sie geheiratet hatten, lieh der Kaufmann sich ein wenig Geld und begann wieder ein Geschäft, und bald war er wieder reich.

Seine Kinder hörten von seinem Erfolg, und befürchteten, dass er einmal sein Vermögen seiner neuen Frau vererben würde – und sie würde es dann ihrerseits ihren Kindern vermachen. Daher schrieben sie beide an ihn, wünschten ihm alles Gute und luden ihn ein, dass er bei ihnen wohnen könne.

Er ging wieder zum Weisen. „Sollte ich mein Vermögen meiner Frau oder meinen Kindern vermachen?", fragte er den Weisen. „Geh auf eine Reise", erwiderte der Weise, „und nimm all dein Geld mit. Tu so, als ob du vorhast, es in ein neues Unternehmen zu investieren. Schreibe dann nach einer Woche an deine Frau, deinen Sohn und deine Tochter, dass Räuber dich angegriffen hätten und du alles verloren hättest." Der Kaufmann tat, wie es der Weise vorgeschlagen hatte. Sein Sohn und seine Tochter antworteten beide, dass er zu seiner Frau zurückkehren solle. Auch seine Frau bat ihn eindringlich, dass er zu ihr zurückkehren solle, und schrieb, dass sie seine Armut mit ihm teilen wolle, so wie sie auch seine Reichtümer mit ihm geteilt hatte. Er kehrte nicht nur zu seiner Frau zurück, sondern vermachte ihr auch all seinen Wohlstand.

Chassidisch

Bäume für die Zukunft

Ein alter Mann kam zum Weisen und sagte: „Ich habe mein ganzes Leben hart gearbeitet, und jetzt in meinem hohen Alter fühle ich mich nutzlos." „Jetzt hast du Zeit, die jungen Menschen zu lehren", entgegnete der Weise. „Aber ich bin weder weise noch gelehrt", sagte der alte Mann, „also habe ich nichts zu sagen."

„Magst du Walnüsse?", fragte der Weise. Der alte Mann war verwirrt von der Frage, aber antwortete: „Ja, ich habe Walnüsse mein ganzes Leben lang gemocht." „Dann kannst du den jungen Menschen etwas lehren, indem du Walnuss-Bäume pflanzt", sagte der Weise. Der alte Mann verstand nicht den Grund für den Vorschlag des Weisen, aber er beschloss, sich danach zu richten. Er begann, Walnuss-Schösslinge um einige Felder herum zu pflanzen, und da seine Glieder steif und schwach waren, war er dabei sehr langsam.

Als er das einige Tage lang gemacht hatte, kam ein junger Mann vorbei. „Was machst du da?", fragte der junge Mann. „Ich pflanze Walnuss-Bäume", antwortete der alte Mann. „Aber du wirst die Walnüsse in deinem Leben doch nicht mehr sehen!", sagte der junge Mann. „Die Walnüsse, die ich mein ganzes Leben über genossen habe", erwiderte der alte Mann, „kamen von Bäumen, die Menschen vor mir gepflanzt hatten. Und jetzt pflanze ich Bäume, um denen Walnüsse zu geben, die nach mir kommen werden."

Dasselbe Gespräch wurde in den folgenden Wochen und Monaten mit vielen anderen jungen Menschen wiederholt, die bei ihm vorbei kamen. Und jeder von ihnen dachte gründlich über die Worte des alten Mannes nach.

Keltisch

Ein Schlag ins Gesicht

Der Weise kam in eine Gegend, in der die Ernte dreimal hintereinander sehr schlecht gewesen war. Daher wurden die Nahrungsmittel so teuer, dass sich nur die Reichen genug zum Essen kaufen konnten, während die Armen hungern mussten.

Der Weise beschloss, die Häuser der Reichen zu besuchen und um Geld zu bitten, mit dem man dann Essen für die Armen kaufen könnte. Die meisten Reichen gaben etwas. Aber ein wohlhabender Kaufmann, der dafür bekannt war, dass er einen großen Lagerraum voll mit Gold und Silber hatte, der schlug den Weisen ins Gesicht – und der Schlag war so stark, dass die Wange des Weisen zu bluten begann.

Für einen Moment war der Weise benommen. Dann wischte er sich seine Wange mit einem Tuch sauber und sagte: „Dieser Schlag war klar für mich. Und was wirst du jetzt für die Armen geben?" Der Kaufmann war so erstaunt, dass er ihm fünf Goldmünzen gab.

Chassidisch

Die Macht der Worte

Eine Frau kam in großer Sorge zu einem Weisen. „Mein Mann ist sehr krank", sagte sie, „und keine Medizin der Ärzte hat ihm bisher geholfen." Also ging der Weise mit ihr zu ihrem Haus.

Ihr Mann lag in einem Bett und zitterte. Seine Kinder waren um ihn versammelt und weinten leise. Sein Bruder saß auf einem Stuhl ganz in der Nähe. Der Weise begann, sich mit dem Mann zu unterhalten, und bald wurde ihm klar, dass die Krankheit keine körperlichen Ursachen hatte. Er hatte sich solche Sorgen darum gemacht, wie er genug Geld für seine Familie verdienen könnte, dass er darunter zusammengebrochen war.

Der Weise wandte sich an die Frau und sagte: „Lass mich die nächsten zwei Wochen jeden Tag kommen und mit ihm reden. Dann könnte er wieder gesund werden." „Du Narr", rief der Bruder des Mannes aus, „Worte können ihm nicht helfen." Er hatte vor Wut einen roten Kopf und begann zu schwitzen.

„Wenn bereits ein einziger Satz die Macht hat, dich heiß und rot zu machen", antwortete der Weise, „dann können viele Gespräche deinen Bruder sicherlich auch gesund machen."

Sufi

Das Fenster und der Spiegel

Ein erfolgreicher Kaufmann wurde, als er älter wurde, immer unglücklicher. Er war von seiner Trübsal verwirrt und sagte zu sich: „Ich habe allen Luxus, den man sich mit Geld kaufen kann. Doch das alles bereitet mir gar keine Freude mehr. Wie kann das sein?" Da geschah es, dass der Weise in der Stadt war, und so lud er ihn zu sich nach Hause ein, um ihn um Rat zu fragen.

Als der Weise ankam, bemerkte er ein großes Fenster, das den Blick auf den Marktplatz frei gab, und auch einen Spiegel, der an der Wand hing. Der Weise nahm den Kaufmann an der Hand und führte ihn zum Fenster. „Was siehst du?", fragte der Weise. „Ich sehe die Leute", antwortete der Kaufmann. Dann führte ihn der Weise zum Spiegel, und wieder fragte er: „Was siehst du?" „Ich sehe mich", antwortete der Kaufmann.

Der Weise sagte: „Sowohl im Fenster als auch im Spiegel befindet sich Glas. Aber das Glas im Spiegel ist mit Silber bedeckt, und sobald das Silber dazukommt, hörst du auf, die anderen zu sehen, und siehst nur noch dich selbst."

Später am Tag spazierte der Kaufmann durch die Stadt. Zum ersten Mal vergaß er seine eigenen Bedürfnisse und sah die Bedürfnisse der anderen. Er beschloss, seinen Reichtum mit anderen zu teilen, und behielt nur so viel, wie er für Essen und Kleidung benötigte. Sein Leid verschwand, und er wurde glücklich.

Chassidisch

Träume, die verändern

Ein Landbesitzer hatte viele Ländereien. Er behandelte seine Arbeiter hart, und sie mussten jeden Tag von früh bis spät ohne Pausen durcharbeiten. Einer seiner Arbeiter war schwach und gebrechlich, und der Landbesitzer behandelte ihn härter als die anderen. Jedes Mal, wenn dieser Arbeiter eine bestimmte Aufgabe nicht erfüllen konnte, einen Sack aufheben oder einen Graben ausschaufeln, dann warf der Landbesitzer ihm vor, dass er faul sei, und schlug ihn mit einem Stock.

Der Weise kam zu dem Anwesen. Er beobachtete, was geschah; und bei Sonnenuntergang ging er zu der kleinen Hütte des schwachen Arbeiters und bat ihn, dass er die Nacht bei ihm verbringen könnte. Während des Abends erzählte der schwache Arbeiter dem Weisen von seinen Sorgen. Der Weise sagte: „Kurz bevor du in der Nacht einschläfst, stell dir vor, du hättest ein Leben voller angenehmer Beschäftigungen und mit ganz viel Ruhe, dann wirst du in deinen Träumen dieses Leben erfahren." In dieser Nacht tat es der schwache Arbeiter gleich so, wie es der Weise ihm geraten hatte. Die Nacht war daraufhin sehr angenehm, und als er erwachte, fühlte er sich viel besser, denn er bemerkte, dass er dachte, dass sein Traum eines Tages Wirklichkeit werden könnte.

Am Abend des nächsten Tages ging der Weise zum Haus des Landbesitzers und bat ihn, ob er dort übernachten könne. Spät am Abend, gerade kurz davor, bevor es Zeit war, ins Bett zu gehen, da sagte der Weise zum Landbesitzer: „Stell dir vor, du wärst einer deiner Arbeiter – so einer wie der schwache, den du mit einem Stock schlägst." Diese Nacht träumte der Landbesitzer, er wäre der schwache Arbeiter. In den frühen Morgenstunden wachte er auf, schreiend und schwitzend. Er machte sich Gedanken darüber, ob irgendein finanzielles Desaster demnächst über ihn kommen könnte, das ihn dazu zwingen würde, dass er ein Arbeiter auf dem Anwesen eines anderen werden müsste, und da er zu schwach war, um Säcke zu heben oder

Gräben auszuheben, würde er sicher ständig geschlagen werden, weil sie ihn dort dann für faul halten würden. Sein Körper verspannte sich so sehr, dass an Schlaf nicht mehr zu denken war, und als die Sonne aufging, wanderte er trübsinnig über sein Anwesen, überzeugt davon, dass er es bald verlieren werde.

Der Weise verließ nun das Anwesen. Während der nächsten Monate war der schwache Arbeiter glücklich: Seine Nächte waren angenehm und seine Tage voller Hoffnung. Aber dem Landbesitzer erging es schlecht: Nachts wälzte er sich im Bett hin und her und seine Tage waren erfüllt mit Furcht und Schrecken.

Dann kam der Weise wieder und lud die zwei Männer dazu ein, mit ihm unter einem Baum zu sitzen. Er fragte sie: „Wem von euch geht es besser: Dem Arbeiter, mit angenehmen Nächten und hoffnungsvollen Tagen, oder dem Landbesitzer, mit ruhelosen Nächten und angsterfüllten Tagen?" Sie kannten beide die Antwort.

Der Landbesitzer wurde freundlich seinen Arbeitern gegenüber, verlangte von ihnen nur die Erfüllung der Aufgaben, die sie auch bewältigen konnten, und gab ihnen viel Zeit für Pausen.

Und der schwache Arbeiter, gemeinsam mit den anderen, arbeitete jetzt gerne auf dem Anwesen.

Taoistisch

Ein großzügiges Erbe

Ein Landbesitzer, dessen Güter viele Dörfer und Höfe umfasste, lag im Sterben. Er hatte keine Kinder oder andere Verwandte, an die er seine Güter vermachen könnte. Der Weise kam durch die Gegend, und der Landbesitzer sandte eine Nachricht an den Weisen und bat ihn um einen Besuch. „Wem sollte ich meine Ländereien hinterlassen?", fragte der sterbende Landbesitzer. „Einem, der klug genug ist zu wissen, dass auch Großzügigkeit sich auf ihre Weise lohnen kann", antwortete der Weise.

„Aber wie kann ich so einen finden?", fragte der Landbesitzer. „Wie viele Pferde hast du in deinem Stall?" fragte der Weise zurück. „Siebzehn", erwiderte der Landbesitzer. „Sehr gut", sagte der Weise, „lass mich dein Testament verfassen." Der Weise nahm ein großes Blatt Pergament und einen Stift und schrieb: „Von meinen siebzehn Pferden soll mein oberster Verwalter die Hälfte bekommen, mein oberster Diener ein Drittel und mein Chefkoch ein Sechstel. Wer die Pferde auf diese Weise aufteilen kann, der soll meine ganzen Güter erben." Der Landbesitzer unterschrieb, was der Weise geschrieben hatte, und der Weise übergab das Testament dem örtlichen Notar.

Als der Landbesitzer starb, versammelten sich alle Menschen des Anwesens, und der Notar las das Testament vor. Jeder versuchte auszurechnen, wie viele Pferde der Verwalter, der Diener und der Koch jetzt bekommen sollten, aber es gelang keinem. Also verteilte der Notar Plakate in der ganzen Gegend, die das Testament bekannt gaben und die dazu einluden, eine Lösung anzubieten – und somit das Anwesen zu erben.

Nach einigen Wochen ritt ein junger Mann zum Büro des Notars. „Ich habe die Lösung", sagte der junge Mann. „Bring den Verwalter, den Diener und den Koch und bring sie zum Stall." Als sie sich versammelt hatten, stieg der junge Mann von seinem Pferd und stellte es in den Stall. Dann sagte er: „Der Verwalter sollte die

Hälfte, also neun Pferde bekommen; der Diener sollte sechs Pferde bekommen – ein Drittel; und der Koch sollte drei Pferde bekommen: also ein Sechstel."

So erbte der junge Mann das Anwesen. Er führte es sehr geschickt – nämlich mit beträchtlicher Großzügigkeit gegenüber seinen Pächtern. Daher arbeiteten die Pächter hart, und das Anwesen gedieh.

Keltisch

Kunststückchen

Ein junger Mann brachte sich selbst bei, auf Stelzen zu laufen. Dann brachte er sich bei zu jonglieren. Und schließlich brachte er es sich bei, gleichzeitig auf Stelzen zu laufen und zu jonglieren.

Er ging zum königlichen Palast und durfte vor dem König auftreten. Er ging auf den Stelzen vorwärts und rückwärts, während er mit sieben Schwertern jonglierte. Der König war so beeindruckt, dass er dem jungen Mann einen Beutel mit Goldmünzen gab.

Ein anderer junger Mann hörte von diesem Erfolg und brachte sich bei, auf dem Rücken eines Pferdes zu tanzen, während das Pferd im Kreis galoppierte. Dann ging er auch zum königlichen Palast und bat darum, vor dem König auftreten zu dürfen. Aber der König befahl ihm, den Palast zu verlassen und nie mehr zurückzukehren.

Dieser zweite junge Mann ging zum Weisen und erzählte ihm, was geschehen war. Der Weise sagte: „Der erste junge Mann hatte überhaupt nicht an eine Belohnung gedacht, also wurde er belohnt. Aber du hast nur an die Belohnung gedacht, also wurdest du nicht belohnt."

Taoistisch

Ein schönes Anwesen

Ein Edelmann lebte in einem großen Gutshaus, das in einem schönen Tal lag. Er bewunderte den Weisen und lud ihn ein, in seinem Haus zu wohnen. Eines Morgens schlug der Weise vor, sie könnten gemeinsam auf einen der Hügel steigen, um das Tal zu überblicken. Also machten sich die beiden auf den Weg, begleitet von einigen Dienern.

Der Edelmann war alt, und daher gingen sie langsam. Als sie schließlich den Gipfel des Hügels erreicht hatten, setzten sie sich und blickten über das Tal und das Haus. Tränen stiegen dem Edelmann in die Augen. „Warum weinst du?", fragte der Weise. „Bald werde ich sterben", antwortete der Edelmann, „und ich werde diesen schönen Ort verlassen. Wenn ich nur für immer am Leben bleiben könnte!" Einer seiner Diener bekräftigte diese Ansicht: „Auch wir lieben diesen Ort so sehr, dass wir die Aussicht auf den Tod fürchten."

Der Weise lächelte und sagte: „Stellen wir uns vor, dein Vater, Großvater, Urgroßvater und alle eure Vorfahren wären am Leben geblieben. Das Haus wäre jetzt überfüllt mit ihnen, und es gäbe keinen Platz für euch. Anstatt seine Pracht und seine Bequemlichkeit genießen zu können, würdet ihr in einem Reisfeld arbeiten und in einer Strohhütte wohnen. Ihr müsst sterben, damit eure Nachfahren ihren Teil haben können."

Einige Jahre später befiel den Edelmann eine tödliche Krankheit. Er erinnerte sich an die Worte des Weisen und konnte zufrieden sterben.

Taoistisch

Die Träume eines Schreiners

Ein Mann, der sich seinen Lebensunterhalt als Schreiner verdiente, verbrachte all seine Abende damit, Bücher zu lesen. Er konnte alles gut aufnehmen und behalten, und daher kannte er sich in zahlreichen verschiedenen Bereichen aus. Schließlich beschloss er, sein Wissen mit anderen zu teilen, und wurde Lehrer an der Universität der nächsten Stadt.

Unglücklicherweise hatte er eine extrem harte und krächzende Stimme. Wenn er in einem normalen Gespräch leise sprach, störte es kaum. Aber wenn er seine Stimme anhob, um eine Vorlesung zu halten, war der Klang so schmerzhaft, dass die Studenten ihre Hände auf ihre Ohren legten.

Der Weise kam durch die Stadt, und die Studenten baten ihn, eine Vorlesung zu hören, damit er ihre Schwierigkeit verstehen könne. Am nächsten Tag besuchte der Weise den Lehrer zu Hause. „Letzte Nacht hatte ich einen wunderbaren Traum", sagte der Weise. „Ich träumte", fuhr der Weise fort, „dass deine Stimme klar und angenehm war, und dass die Studenten deinen Vorlesungen gerne zuhörten." Der Mann ging sofort zum Rektor der Universität und trat von seinem Amt zurück.

Am nächsten Tag besuchte der Weise wieder den früheren Schreiner. „Letzte Nacht", sagte der Weise, „hatte ich einen anderen wunderbaren Traum. Ich träumte, dass du ein brillanter Schriftsteller bist und viele Bücher voller origineller Ideen schreibst." Der Mann begann sofort, Bücher zu schreiben.

Einige Jahre später kam der Weise wieder in die Stadt, und er hörte, dass der frühere Schreiner ein berühmter Schriftsteller geworden war, der Bücher voller origineller Ideen schrieb. Der Weise ging zu ihm, um ihm zu seinem Erfolg zu gratulieren. „Ich schulde meinen Erfolg dir", erwiderte der Mann. „Du hast mir den Wert des Wissens gelehrt – und den der Träume!"

Sufi

Ein tatenloser Schatten

Ein junger Mann war ständig aktiv; von dem Augenblick an, wenn er erwachte, bis zu dem Augenblick, in dem er einschlief, erledigte er eine nützliche Aufgabe nach der anderen. Dadurch war sein Körper ständig angespannt, seine Muskeln schwanden sogar dahin, und er war häufig krank. Seine Mutter und sein Vater machten sich Sorgen, dass er bald sterben würde. Als also der Weise in der Nachbarschaft vorbeikam, baten sie ihn, mit ihm zu sprechen.

Der Weise fand den jungen Mann mit irgendeiner nützlichen Aufgabe beschäftigt und bat ihn, sich zu ihm auf den Boden zu setzen. Der Weise sagte zu ihm: „Schau dir deinen Schatten an!" Der junge Mann schaute sich seinen Schatten an. „Was macht dein Schatten?", fragte der Weise. „Er macht, was ich tue", antwortete der junge Mann. „Er sitzt da und unterhält sich mit dir."

„Folgt dir der Schatten in allem, was du tust?", fragte der Weise. „Ja, natürlich", antwortete der junge Mann. „Bist du also der Meister, und der Schatten ist dein Diener?", fragte der Weise. „Ja", antwortete der junge Mann.

Der Weise sagte: „Von jetzt an musst du jeden Tag, von mittags bis abends, der Diener sein, und dein Schatten der Meister. Folge deinem Schatten in allem, was er tut."

Da der Schatten keine Macht hatte, irgendetwas selber zu machen, war der junge Mann gezwungen, jeden Nachmittag hindurch ruhig zu bleiben. Dadurch wurde sein Körper entspannt, seine Muskeln erholten sich, und er erfreute sich guter Gesundheit.

Taoistisch

Essen für die Kleider

Ein gewisser König veranstaltete allabendlich in seinem Palast große Festmahle. Aber dazu lud er nur Edelleute und wohlhabende Händler ein, die es sich leisten konnten, in den feinsten Gewändern zu erscheinen. Er lud niemals einfache Leute ein, deren Kleider einfach und schlicht waren. Als der Weise durch das Königreich kam, beschwerten sich die einfachen Leute bei ihm über diese Ungerechtigkeit.

Am Abend ging der Weise in seinen normalen Kleidern zum Palast, aber die Diener des Königs schickten ihn wieder weg. Am nächsten Tag besuchte er einen Kaufmann, der für seine Freundlichkeit bekannt war, und lieh sich von ihm einen feinen Anzug aus. Am Abend zog der Weise die Kleider des Kaufmanns an und ging zu dem Palast, und die Diener des Königs verbeugten sich vor ihm und führten ihn in die Halle, in der das Festmahl gefeiert wurde.

Da er den Weisen nie zuvor gesehen hatte, war der König neugierig, ihn kennen zu lernen, also beauftragte er seine Diener, den Weisen zu dem Platz gleich neben ihm zu führen. Als das Essen aufgetragen wurde, nahm der Weise das Essen von seinem Teller und steckte es sorgfältig in seinen Ärmel.

„Warum steckst du dein Essen in deinen Ärmel?", fragte der König verwundert. „Eure Majestät", erwiderte der Weise, „es sind meine Kleider, die zu diesem Festmahl willkommen sind, es bin nicht ich."

Von da an lud der König alle seine Untertanen reihum zu seinen Festmahlen, unabhängig von ihrem Reichtum oder ihrem Rang.

Sufi

Die Ziele eines jungen Mannes

Ein junger Mann kam zum Weisen und sagte: „Meine Eltern sind recht ehrgeizig mit mir. Sie wollen, dass ich erfolgreich bin in meinem Leben. Sollte ich darin meinen Eltern gehorchen?" Der Weise antwortete: „Nehmen wir an, du lebst dein Leben in voller Länge. Du hast bereits ein Viertel davon in der Kindheit verbracht, als du zu jung warst, um Erfolg zu erzielen, und du wirst beinahe ein weiteres Viertel zu alt und zu schwach sein, um erfolgreich zu sein. Ein Drittel deiner Zeit verbringst du schlafend, wo du nichts tun kannst; und wenn du wach bist, musst du auch ein wenig Pausen machen. Essen und Trinken verbraucht auch Zeit. Und gelegentlich wirst du krank. Da ist also sehr wenig Zeit übrig, um erfolgreich zu sein."

Der junge Mann sagte: „Sollte ich stattdessen Vergnügungen suchen? Sollte es mein Ziel sein, erlesene Speisen zu essen, Seide und Brokat zu tragen, süße Musik zu hören und schöne Frauen um mich zu versammeln?" Der Weise antwortete: „Wenn Vergnügung dein Ziel ist, wirst du ständig die Mittel dafür suchen – das Essen, die Kleider, die Musik und die Frauen. So wird also wenig Zeit für den Genuss bleiben."

Der junge Mann sagte: „Sollte ein hohes Ansehen mein Ziel sein?" Der Weise antwortete: „Wenn du Ansehen anstrebst, wirst du ein Sklave derer sein, deren Anerkennung du suchst. Du wirst ständig versuchen, das zu sagen, was sie wollen, dass du sagst, und das tun, was sie wollen, dass du tust."

„Was also sollte dann mein Ziel sein?", fragte der junge Mann. Der Weise erwiderte: „Dein Ziel sollte sein, kein Ziel zu haben."

Taoistisch

Ruhe mitten im Lärm

Ein Mann lebte in einem kleinen Haus mit seiner Frau und sieben Kindern. Seine Frau lud gerne Freundinnen ein auf einen Kuchen und zum Unterhalten, und seine Kinder, wie alle Kinder, waren gerne ausgelassen. Er aber liebte die Stille. Er war zu arm, um sich ein größeres Haus leisten zu können, in dem er ein ruhiges Zimmer für sich selber haben könnte. Daher war er also völlig verzweifelt.

Der Weise zog durch die Stadt, und der Mann ging zu ihm, um ihn um Rat zu fragen.

„Hast du eine Ziege in deinem Hof?", fragte der Weise. „Ja", antwortete der Mann. „Dann nimm sie in dein Haus", sagte der Weise. Er tat, wie es der Weise angeordnet hatte. Die Ziege meckerte Tag und Nacht und hielt den Mann so wach.

Also ging er zum Weisen zurück: „Der Lärm in meinem Haus ist noch schlimmer geworden", sagte der Mann, die Augen rot vor Müdigkeit. „Hast du Hühner?", fragte der Weise. „Ja", antwortete der Mann. „Dann nimm sie in dein Haus", sagte der Weise. Der Mann nahm die Hühner ins Haus, und der Hahn folgte ihnen. Aber die Hühner gackerten den ganzen Tag, und im Morgengrauen, gerade wenn der Mann endlich ein wenig Schlaf fand, krähte der Hahn.

Eine Woche verging, und der Mann hatte überhaupt nicht geschlafen. Jetzt war er vor Erschöpfung dem Wahnsinn nahe. Er ging zum Weisen, um nach einem weiteren Rat zu fragen. „Geh nach Hause", sagte der Weise, „und treibe die Ziege, die Hühner und den Hahn zurück in den Hof, wohin sie gehören."

Der Mann tat, wie es der Weise angeordnet hatte. Und seine Erleichterung war so groß, dass er die Stimmen seiner Frau und seiner Kinder kaum noch vernahm. Er konnte jetzt wieder schlafen. Er ging zurück zu dem Weisen und rief aus: „Dir habe ich es zu verdanken, dass mein Haus wie ein Palast ist!"

Chassidisch

Drei Wünsche

Drei Reisende kamen in ein Dorf. Sie setzten sich in der Dorfmitte nieder und besprachen, welche Erfrischung sie jetzt wollten. „Ich will etwas Süßes zum Essen", sagte der erste Reisende. „Nein", sagte der zweite, „ich will mehrere süße Sachen zum Essen." „Nein", sagte der dritte, „ich will etwas zum Durstlöschen."

Der Weise saß in der Nähe und hatte ihr Gespräch mit angehört. Einer der Reisenden sagte zu ihm: „Wir haben gerade genug Geld für eine Art von Erfrischung. Würdest du bitte zwischen uns entscheiden?" „Gebt mir euer Geld", antwortete der Weise, „und ich werde euch alle zufrieden stellen." Also gaben sie ihm ihr Geld. Er ging zum Dorfladen und kaufte eine große Traube mit vielen saftigen Weinbeeren.

Sufi

Ständige Wachsamkeit

Ein Bürgermeister einer Stadt war sehr stolz darauf, alle Gewalt aus-gerottet zu haben. Als also der Weise durch die Stadt kam, ging er zum Bürgermeister, um ihm zu gratulieren. Der Bürgermeister streckte seine Brust heraus und strahlte. Er erzählte dem Weisen die Geschichte seines Erfolges: „Als ich das Amt übernahm, gab es häufige Kämpfe auf den Straßen. Also patrouillierte ich auf den Straßen jeden Tag, und immer wenn ich die ersten Zeichen eines Streites sah, schritt ich ein und überzeugte beide Seiten davon, dass sie ihre Differenzen durch ein Gespräch lösen sollten."

„Patrouillierst du immer noch auf den Straßen?", fragte der Weise. „Oh nein", antwortete der Bürgermeister. „Die Stadt ist jetzt so fried-lich, dass es das nicht mehr braucht." „Frieden zu erhalten braucht ständige Wachsamkeit", sagte der Weise. „Unsinn", erwiderte der Bürgermeister. „Die Leute haben solche Achtung vor mir, dass diese Stadt friedvoll bleiben wird, solange ich Bürgermeister bin."

Der Weise verließ den Bürgermeister, ging in ein Geschäft, und kaufte einen Topf Honig. Davon schmierte er eine große Menge an eine Wand in der Nähe. Bald ließen sich Fliegenschwärme auf dem Honig nieder. Ein wenig später kamen größere Insekten, um die Flie-gen zu fangen. Eine Katze kam und versuchte, die größeren Insekten zu fangen. Ein Hund kam vorbei, und wie er die Katze sah, griff der Hund sie an. Ein junger Mann sah, wie der Hund die Katze angriff, und schlug den Hund mit einem Stock. Der Besitzer des Hundes war außer sich und schlug den jungen Mann. Schnell versammelte sich eine Menschenmenge, um den Kampf zu beobachten, einige schrieen zur Unterstützung des jungen Mannes und einige zur Unterstützung des Hundebesitzers.

Am nächsten Tag nahm der Bürgermeister seine täglichen Patrouil-lengänge wieder auf.

Sufi

Der Bettler und der Kaufmann

Ein gewisser Bettler war der ärmste Mensch in einer Stadt. Er hatte nur Lumpen an, daher schüttelte es ihn im Winter vor Kälte. Er bettelte um Essensreste, daher hatte er ständig Hunger. Oft sagte er sich: „Niemandem in dieser Stadt kann es schlechter gehen als mir."

Ein gewisser Kaufmann war der reichste Mensch in der Stadt. Sein Haus war angefüllt mit goldenen Verzierungen und Edelsteinen, und er war so ängstlich, dass Diebe einbrechen könnten, dass er nachts wach lag. Seine Köche bereiteten ihm große Mengen der erlesensten Speisen, und daher war er so fett, dass er kaum laufen konnte, und er litt an chronischen Verdauungsschwierigkeiten. Oft sagte er sich: „Niemandem in dieser Stadt kann es schlechter gehen als mir."

Der Weise reiste durch die Stadt und traf den Bettler in der Straße. Der Bettler erzählte ihm von seinem Elend. „Wer ist der reichste Mensch in dieser Stadt?", fragte der Weise. Der Bettler erzählte ihm von dem fetten Kaufmann und brachte ihn zu dessen Haus.

Der Weise besuchte den Kaufmann, und der Kaufmann erzählte ihm von seinem Elend. „Ich kann dich glücklich und gesund machen", sagte der Weise zu ihm. „Tu das, was auch immer dafür nötig ist!", antwortete der Kaufmann. Der Weise holte den Bettler und die anderen Bettler der Stadt, und sie lebten von nun an in dem Haus des Kaufmanns. Die Bettler stellten reihum Wachen, um das Haus in der Nacht zu beschützen; und sie teilten das Essen, das die Köche zubereiteten.

Der Kaufmann konnte jetzt nachts schlafen; und er verlor Gewicht, so dass er wieder mit normaler Geschwindigkeit gehen und seine Nahrung leicht verdauen konnte.

Und alle Bettler hatten volle Bäuche, und es war ihnen warm.

Taoistisch

Die Truhe der Verdächtigung

Ein wohlhabender Kaufmann und seine Frau lebten viele Jahre glücklich zusammen. Sie hatten viele Bedienstete, und die Frau hatte besonders eine ältere Dienerin, der sie vertraute wie ihrer eigenen Mutter, und diese Dienerin war die einzige Person, die ihr Schlafzimmer betreten durfte. Aber schließlich starb diese Dienerin, und die Frau musste eine andere an ihre Stelle setzen.

Die neue Dienerin hatte aber auch eine boshafte Seite, und sie beneidete ihre Herrin um ihre glückliche Ehe. Sie bemerkte, dass ihre Herrin eine große Truhe besaß, die sie immer verschlossen hielt. Sie fragte ihre Herrin, ob sie hineinsehen dürfe, aber ihre Herrin erlaubte es nicht.

Da ging sie zum Kaufmann. „Deine Frau hat eine Truhe, die sie immer verschlossen hält", sagte sie. „Sie erlaubt es nicht einmal mir hineinzusehen." Der Kaufmann war verwirrt. „Ich wundere mich", fuhr die Dienerin fort, „ob sie etwas geheim hält – etwas, von dem sie nicht will, dass du es weißt."

Zunächst wies er einen solchen Gedanken weit von sich. Aber wie die Tage vergingen, bemerkte er, dass er doch ständig an die verschlossene Truhe dachte und sich wunderte, was sie wohl enthalten könnte. Er wollte nicht seine Frau fragen, denn das würde ja so wirken, als vertraute er ihr nicht, aber indem er schwieg, wuchs sein Argwohn. Bald verspürte er ein solches Misstrauen, dass er kaum noch mit ihr reden konnte.

Seine Frau, die keine Ahnung hatte, warum sich ihr Mann so benahm, dachte, dass er sie nicht mehr lieben würde; und sie nahm an, dass er in jemanden anderes verliebt sein müsse. Dieser Verdacht wuchs in ihr so stark, dass sie schließlich kaum noch essen konnte.

Der Weise kam durch die Nachbarschaft, und der Kaufmann bat ihn um seine Hilfe. Als der Kaufmann ihm von seinem Verdacht erzählte, sagte der Weise zu ihm: „Törichte Verdächtigungen müssen begraben werden."

Der Weise ging zu der Frau, die ihm von ihren Verdächtigungen erzählte. „Törichte Verdächtigungen müssen begraben werden", sagte der Weise. Dann nahm er die Truhe auf und trug sie nach draußen zum entlegensten Ende des Gartens.

Der Kaufmann und seine Frau folgten ihm, und sie beobachteten ihn, wie er ein tiefes Loch aushub und die Truhe darin begrub. Als der Weise den letzten Batzen Erde auf die Truhe schaufelte, wandten sich der Kaufmann und seine Frau einander zu – und umarmten sich.

Sufi

Wertvolle Ware

Der Weise befand sich an Bord eines Schiffes auf einer Meeresreise. Die anderen Passagiere waren alle wohlhabende Kaufleute, die wertvolle Handelsware in fremde Länder brachten, um sie dort mit Gewinn zu verkaufen; und sie alle nahmen an, dass der Weise auch ein Händler wäre.

Eines Abends, als alle Passagiere zusammen beim Essen saßen, fragte einer der Kaufleute den Weisen: „Womit handelst du eigentlich?" „Mit der wertvollsten Ware der Welt", antwortete der Weise. Nach dem Essen gingen alle Kaufleute hinunter in den Laderaum des Schiffes, um die Ware des Weisen zu sehen. Aber als sie nichts sahen, lachten sie und begannen, ihn wie einen Narren zu behandeln.

Wenige Tage später zog aber ein ungewöhnlich starker Sturm auf, und das Schiff lief auf einem Felsen auf. Das Schiff wurde mit all seiner Ladung zerstört, aber der Weise und die Kaufleute konnten an Land schwimmen. Sie befanden sich in einem Land, das keiner von ihnen kannte, aber sie konnten die örtlichen Fischer nach Auskunft fragen und fanden ihren Weg in die nächste größere Stadt.

Die Kaufleute waren gezwungen, um Essen zu betteln. Aber der Weise setzte sich einfach auf den Marktplatz, und bald spürten die Menschen etwas von seiner Weisheit und kamen auf ihn zu, um ihn um Rat zu fragen. Danach boten ihm die meisten Geld an, und da er sich der Not der Kaufleute bewusst war, nahm er das Geld und teilte es mit ihnen.

Die Kaufleute verstanden jetzt, was er gemeint hatte – dass er die wertvollste Ware der ganzen Welt besaß.

Chassidisch

Der Ruf zu den Waffen

Ein Bote des Königs kam in eine Stadt und rief alle Menschen zum Marktplatz. Der Bote stand auf einer Bühne in der Mitte des Platzes und verkündete, dass der König einem Nachbarland den Krieg erklärt hätte – und dass er wollte, dass junge Männer in die Hauptstadt kommen und in seine Armee eintreten.

All die starken und gut gebauten jungen Männer der Stadt waren begeistert von der Aussicht, Soldaten zu werden und Schlachten zu schlagen. Und sie verspotteten die schwachen und behinderten jungen Männer, die daheim bleiben mussten.

Der Weise war zufällig in der Stadt. Er kletterte auf die Bühne und fragte mit lauter Stimme: „Wer von den jungen Männern wird wohl eher bis ins hohe Alter leben, die starken, die in den Krieg ziehen, oder die schwachen, die daheim bleiben?" Alle wurden still. Da erhob ein behinderter junger Mann seine Stimme: „Leute wie ich!"

Der Weise fragte eine zweite Frage: „Welche werden wohl die Väter der nächsten Generation sein, die starken, die in den Krieg ziehen, oder die schwachen, die daheim bleiben?" Alle blieben still. Dann erhob ein anderer behinderter Mann seine Stimme: „Leute wie ich!"

Die starken jungen Männer besprachen die Situation untereinander. Innerhalb weniger Minuten hatten sie beschlossen, zu Hause zu bleiben und den König seine Kriege selber kämpfen zu lassen.

Taoistisch

Die Wahrheit des Nicht-Wissens

Der Weise kam durch ein Königreich, in dem der König ein grausamer Tyrann war, der ständig Dekrete erließ und jeden schwer bestrafte, der ihm nicht gehorchte. Doch er verlangte danach, weise zu sein. Als der König hörte, dass der Weise in seinem Königreich war, ließ er ihn in seinen Palast kommen.

„Ich will, dass du mich all die Wahrheit lehrst, die du weißt", sagte der König. „Wahrheit kann nur gelernt werden", erwiderte der Weise, „sie kann nie gelehrt werden." Diese Antwort ärgerte den König. „Ich werde dich zwingen, mich die Wahrheit zu lehren", rief der König aus. Der Weise lächelte, was den König noch mehr ärgerte.

„Ich verlange von dir, dass du mir drei Sätze über die Wahrheit sagst", erklärte der König. „Wenn du dich weigerst, werde ich dich hinrichten lassen." „Wenn ich tue, was du verlangst, wirst du mich dann freilassen?", fragte der Weise. „Das werde ich dann entscheiden", sagte der König. „Also", sagte der Weise „muss ich hoffen, dass du die Wahrheit auch schnell lernst." „Beginne jetzt!", verlangte der König.

„Die erste Wahrheit", sagte der Weise, „ist die, dass du von dir meinst, du wärst ein Sucher nach Wahrheit. Die zweite Wahrheit ist, dass du die Wahrheit nur hören möchtest, wie du sie dir bis jetzt vorstellst. Die dritte Wahrheit ist, dass du die Wahrheit nur lernen wirst, wenn du von dir weißt, dass du sie noch nicht weißt."

Der König ließ den Weisen frei. Er hörte auch damit auf, dauernd Dekrete zu erlassen, und erklärte, dass er nicht genug Weisheit habe, um seinen Untergebenen sagen zu können, wie sie sich verhalten sollten; und er wurde ihnen gegenüber mild und freundlich.

Sufi

Der süßeste Laut

Der Weise wohnte als Besucher im Hause eines Kaufmanns. Der Kaufmann lebte allein, und er lud häufig zwei andere Junggesellen zu sich zum Abendessen ein.

Eines Abends, nachdem sie mit dem Essen fertig waren, sagte der Kaufmann: „Meiner Meinung nach ist der süßeste Laut auf der Welt die Melodie einer Flöte." „Da bin ich anderer Meinung", sagte einer seiner Freunde. „Die Töne einer Harfe sind der süßeste Klang auf der Welt." „Ganz und gar nicht", sagte der dritte Mann. „Die Geige hat den feinsten Klang, den man hören kann." Die drei Männer begannen zu streiten, und jeder gab Gründe an für seinen Glauben und lehnte die Gründe, die von den anderen geboten wurden, als Unsinn ab.

Schließlich warf der Weise ein: „Ihr habt alle Unrecht. Wenn ihr morgen Abend wiederkommt, werde ich euch den süßesten Laut auf der Welt präsentieren. Allerdings muss mein Gastgeber mir erlauben, dass ich alle Vorbereitungen für das Essen übernehme." Der Gastgeber war damit einverstanden, dass der Weise das Essen vorbereiten sollte; und die anderen beiden waren damit einverstanden zu kommen.

Die beiden Männer kamen und setzten sich mit dem Weisen und dem Kaufmann an den Essenstisch. Die zwei Männer und der Kaufmann erwarteten, dass die Köchin das Essen sogleich hereinbringen würde, wie sie es sonst auch immer tat. Aber Minuten vergingen, und die Köchin kam nicht. „Ich habe sie gebeten, ein sehr ausgefeiltes Essen zu kochen", sagte der Weise mit einem Lächeln. Die Männer versuchten, sich zu unterhalten, aber sie waren so hungrig, dass sie sich kaum auf das konzentrieren konnten, was sie sagten.

Eine halbe Stunde verging, und noch immer gab es kein Essen. Das Gespräch wurde immer zusammenhangloser. Schließlich, nach einer Stunde, erschien die Köchin mit zwei großen Schüsseln und stellte sie auf den Tisch. Dann hob sie die Deckel an und achtete dabei darauf, dass die Deckel mit den Rändern aneinander stießen.

Der Kaufmann und seine Freunde strahlten vor Vergnügen bei der Aussicht auf Essen. „Jetzt habt ihr den süßesten Laut auf der Welt gehört", erklärte der Weise. „Es ist der Klang von Geschirr in den Ohren hungriger Menschen."

Der Kaufmann und seine Freunde stritten nie wieder. Und sie verstanden die Wichtigkeit des Essens, so dass sie nun immer großzügig waren gegenüber denen in ihrer Stadt, die zu wenig hatten.

Chassidisch

Ein Räuber als König

Ein junger Räuber überfiel immer wieder Reisende auf einer Straße und raubte sie aus. Die Straße ging durch ein Königreich, in dem der König besonders grausam zu seinen Untergebenen war. Sie mussten hohe Abgaben zahlen, und er bestrafte sie hart, wenn sie ihn kritisierten.

Eines Tages überfiel dieser Räuber den Weisen, wie er gerade diese Straße entlang ging. Das einzige, was der Weise besaß, waren die Kleider, die er anhatte. Sofort zog er sie aus und gab sie dem Räuber. Dann sagte er zu dem Räuber: „Mögest du glücklich sein und erfolgreich in deinem Beruf!"

Der Räuber war erstaunt über diese Segensworte. „Danke", sagte er und gab die Kleider dem Weisen zurück.

Einige Monate später ging der Weise wieder diese Straße entlang. Der Räuber wollte ihn gerade überfallen, da erkannte er ihn wieder. „Dein Segen hat mir sehr geholfen", sagte der Räuber. „In den letzten paar Monaten habe ich mehr erbeutet als jemals zuvor."

„Ich bin nicht zufrieden", sagte der Weise. „Ich möchte, dass du einige andere junge Männer findest, die bei dir mitmachen, so dass du noch erfolgreicher sein kannst." Der Räuber tat, was der Weise vorgeschlagen hatte, und rekrutierte einige andere junge Männer als Räuber.

Einige Monate später kam der Weise wieder. Der Räuber berichtete ihm, dass er mit Hilfe seiner Bande jetzt tatsächlich noch größeren Erfolg gehabt hätte. „Ich bin immer noch nicht zufrieden", sagte der Weise. „Du musst eine ganze Armee von jungen Männern rekrutieren, den königlichen Palast angreifen und das ganze Königreich erobern."

Der junge Mann hatte nun das Vertrauen, dass er erfolgreich sein würde, wenn er nur der Anweisung des Weisen folgte. Also stellte er eine Armee auf und griff den Palast an. Seine jungen Gefährten kämpften so tapfer und geschickt, dass sie den König stürzten, und der junge Mann wurde König an seiner Statt.

Der junge Mann ließ den Weisen zu sich kommen und fragte ihn um Rat, wie er regieren solle. Der Weise bat ihn eindringlich, seine Untertanen mit Freundlichkeit zu behandeln und ihnen zu erlauben, frei zu reden. Und schon bald war der junge Räuber bei den Menschen anerkannt als der beste König, den sie jemals gehabt hatten.

Sufi

Ein wichtiges Geheimnis weitergeben

Ein König besaß einige geheime Informationen von großer Wichtigkeit. Aber es war ihm unmöglich, diese Informationen für sich zu behalten. Also gab er sie weiter an den Diener, dem er am meisten vertraute, und der Diener musste versprechen, dass er die Informationen keiner Menschenseele weitersagen werde.

Aber es war auch dem Diener unmöglich, diese Informationen für sich zu behalten. Also ging er zum Weisen und sagte: „Der König hat mir einige geheime Informationen weitergegeben. Aber ich kann sie nicht für mich behalten. Lass sie mich dir erzählen, denn ich weiß, dass du sie nicht weitergeben wirst." „Aber dann würdest du dein Versprechen brechen", erwiderte der Weise. „Was kann ich sonst machen?", fragte der Mann verzweifelt.

„Du hast versprochen, es keiner Menschenseele weiterzugeben", sagte der Weise, „also kannst du das Geheimnis doch an eine Kuh weitergeben." Der Diener ging sogleich zu einem Feld in der Nähe, auf dem Kühe weideten. Nachdem er das Geheimnis einer Kuh erzählt hatte, ging es ihm viel besser; und die Kuh mampfte glücklich weiter ihr Gras.

Sufi

Handlesekunst und magische Kräfte

Ein König hatte einen großen goldenen Ring, der vor vielen Jahrhunderten für den ersten König seines Landes gemacht worden war und der von einem König an den nächsten weitergegeben worden war. Er betrachtete ihn als seinen kostbarsten Besitz. Tagsüber trug er ihn am Zeigefinger seiner rechten Hand, und nachts legte er ihn in ein silbernes Kästchen neben seinem Bett.

Eines Morgens öffnete er das Silberkästchen wie gewöhnlich – und musste feststellen, dass der goldene Ring fehlte. Er war völlig verzweifelt. Es gab nur zwölf Diener, die Zugang zu seinem Schlafgemach hatten, also war ihm klar, dass einer von ihnen den Ring gestohlen haben musste, aber er hatte keine Möglichkeit festzustellen, welcher von ihnen. Der Weise kam durch das Königreich, also sandte der König nach ihm und bat ihn um Hilfe.

Der Weise bat darum, dass er ein Zimmer im Palast bekäme. Als an diesem Abend beim Essen alle zwölf Diener an der königlichen Tafel aufwarteten, erwähnte der Weise dem König gegenüber, dass er den Menschen aus der Hand lesen könne – und dass die Hand eines Menschen vergangene Taten und zukünftige Aussichten offenbare. Der Weise sagte das laut und klar, so dass alle Diener es hören konnten.

Während des folgenden Morgens ließ der Weise jeden der Diener einzeln in sein Zimmer kommen, und er sagte zu jedem von ihnen: „Der König hat mich beauftragt, die Person zu finden, die seinen Ring gestohlen hat. Als Teil meiner Untersuchungen lese ich aus den Händen von all seinen Dienern." Während er die Handflächen jedes Dieners betrachtete, sagte er nichts. Aber wenn er damit fertig war, blickte er den Diener scharf an – und entließ ihn dann.

Der unehrliche Diener war nun überzeugt, dass der Weise von seiner Schuld wusste. Am Nachmittag kam er also zum Weisen, fiel vor ihm auf die Knie und bat um Gnade. „Ich muss fünf Kinder ernähren", bat er mit Tränen in den Augen. „Lass mich den Ring im

Geheimen zurückbringen, genau wie ich ihn gestohlen habe. Ich werde nie wieder etwas Falsches machen." „Also gut", sagte der Weise. „Du musst ihn heute Nacht zurückbringen – ansonsten werde ich sicherstellen, dass du schwer bestraft wirst."

An diesem Abend erzählte der Weise beim Essen dem König, dass er die magische Fähigkeit hätte, verlorene Dinge zurückzuholen und sie an ihre eigentlichen Plätze zurückzubringen. Als also am nächsten Morgen der König den Ring in dem Silberkästchen fand, ging er davon aus, dass der Weise seine Fähigkeit eingesetzt hatte – und er eilte zum Zimmer des Weisen, um ihm zu danken. Aber während der Nacht hatte der Weise den Palast verlassen und war jetzt bereits auf dem Weg in ein anderes Land.

So wurde der Dieb überführt, weil er an Handlesen glaubte, und der Diener wurde gerettet, weil der König an Magie glaubte.

Sufi

Der reiche Mann und der arme Mann

Zwei Männer, einer reich und einer arm, kamen zufällig im selben Moment bei dem Haus an, in dem der Weise wohnte; beide suchten dessen Rat wegen einiger persönlicher Angelegenheiten.

Der Weise lud erst den reichen Mann in sein Haus, und er gab ihm eine volle Stunde seiner Zeit. Schließlich ging der reiche Mann, und der Weise lud den armen Mann in sein Haus. Ihm gab er nur wenige Minuten.

„Das ist ungerecht", protestierte der arme Mann. „Als du das Haus betreten hast", erwiderte der Weise, „konnte ich auf den ersten Blick sehen, dass du arm warst. Aber bei jenem anderen Mann – da musste ich eine ganze Stunde zuhören, um herauszufinden, dass er in Wirklichkeit viel ärmer ist als du." Der arme Mann ging glücklich davon.

Chassidisch

Wie Straße fegen weise macht

Ein König war des Regierens müde und beschloss, den Rest seines Lebens dem Streben nach Weisheit zu widmen. Er gab seinen Thron zugunsten seines Sohnes auf und ging, den Weisen zu besuchen.

„Wirst du mir helfen, Weisheit zu finden?", fragte der ehemalige König. „Ja", antwortete der Weise, „aber erst musst du lernen, wie man die Dorfstraße sauber macht." Der ehemalige König war überrascht, aber nichtsdestoweniger verbrachte er nun jeden Morgen damit, die Dorfstraße sauberzumachen. Er sammelte allen Abfall in einen Korb und trug ihn zu einer Grube außerhalb des Dorfes. Als die Bewohner ihren früheren König auf der Straße sahen, tat er ihnen leid. „Er ist an eine so niedrige Arbeit nicht gewöhnt", sagten sie zum Weisen, „lass ihn etwas Leichteres machen." Aber der Weise blieb hart.

Eines Morgens ließ ein unverschämter junger Mann den ehemaligen König absichtlich stolpern, so dass er seinen Korb mit den Abfällen ausschüttete. „Wenn ich noch König wäre", rief der ehemalige König wütend aus, „würde ich dich in meine tiefsten Verliese stecken." Dann sammelte der ehemalige König den Abfall wieder ein. Der Weise hörte von dem Vorfall. Und an diesem Abend sagte er zu dem ehemaligen König: „Noch bist du nicht bereit für die Weisheit."

Etwa einen Monat später ließ ein anderer junger Mann den ehemaligen König stolpern. Der ehemalige König starrte ihn einen Moment an, dann sagte er aber nichts und sammelte den Müll wieder ein. Der Weise hörte von dem Vorfall. Und an diesem Abend sagte er zu dem ehemaligen König: „Noch bist du nicht bereit für die Weisheit."

Einen Monat später ließ ein dritter junger Mann den ehemaligen König stolpern. Diesmal blickte der ehemalige König den jungen Mann nicht einmal an, sondern sammelte ruhig den Müll wieder zurück in den Korb. An diesem Abend sagte der Weise zum ehemaligen König: „Jetzt bist du weise."

Sufi

Eine juwelenbesetzte Mütze

Ein Edelmann lud eines Abends eine Gruppe von Freunden zum Abendessen in sein Haus, und da der Weise in der Nachbarschaft wohnte, lud der Edelmann ihn ein, dazu zu kommen. Der Edelmann hatte feine Gewänder an und trug eine juwelenbesetzte Mütze auf dem Kopf. Sie unterhielten sich über die Schönheit, und der Edelmann und seine Freunde begannen darüber zu reden, warum einige Menschen für schön gehalten werden, während andere als hässlich gelten. Jeder von ihnen hatte eine eigene Meinung dazu, und bald war die Debatte recht lebhaft.

Da ergriff der Weise das Wort. „Darf ich mir deine Juwelen-Mütze ausleihen?", fragte der Weise den Edelmann. Der Edelmann nahm die juwelenbesetzte Mütze von seinem Kopf und übergab sie dem Weisen. Der Weise rief einen Diener. „Ich möchte, dass du diese Mütze nimmst", sagte der Weise zu dem Diener, „und sie jemandem auf den Kopf setzt, der schöner ist als sie."

Der Diener nahm die Mütze und ging durch das Haus. Er setzte sie allen Dienern auf den Kopf, aber die Mütze selber war schöner als jedes ihrer Gesichter. Dann setzte er sie jedem der Kinder der Diener auf den Kopf, aber wieder war die Mütze selber zu schön. Schließlich setzte er sie auf den Kopf seines eigenen Sohnes. „Ah", sagte der Diener, „du alleine bist schöner als die Mütze."

In Begleitung seines Sohnes, der die Mütze aufhatte, ging der Diener dorthin zurück, wo der Edelmann mit seinen Freunden beim Essen saß. „Hier ist jemand, der schöner als die juwelenbesetzte Mütze ist", erklärte der Diener. „Und wer ist dieser Junge?", fragte der Edelmann und zeigte auf den Jungen – der tatsächlich eher ziemlich hässlich war. „Er ist mein Sohn", erwiderte der Diener.

Der Weise wandte sich an den Edelmann und seine Freunde und fasste zusammen: „Schönheit liegt im Herzen dessen, der sie wahrnimmt."

Sufi

Eine unglückliche Stadt

Der Weise kam zu einer großen Stadt und bemerkte, dass die Menschen dort sehr unglücklich waren. Er fragte nach dem Grund ihres Unglücks. Man sagte ihm, dass ein äußerst wohlhabender Mann die meisten der Werkstätten in der Stadt besaß und dass das meiste Land in der Umgebung ihm gehörte – und dass dieser wohlhabende Mann niedrige Löhne zahlte und harte Arbeit verlangte.

Also ging der Weise zu dem wohlhabenden Mann und sagte: „Du bist außergewöhnlich reich. Welchen Nutzen hat so ein Wohlstand?" Der Mann antwortete: „Der Wohlstand ermöglicht es mir, Macht über andere auszuüben." Der Weise fragte: „Welchen Nutzen hat es, Macht über andere zu haben?" Der Mann antwortete: „Sie fürchten mich." Der Weise fragte: „Und welchen Nutzen hat es, wenn die anderen mit Angst an einen denken?" Der Mann antwortete: „Sie gehorchen meinen Anweisungen." Der Weise fragte: „Und welchen Nutzen hat der Gehorsam?" Der Mann antwortete: „Sie arbeiten, wie ich es will." Der Weise fragte: „Und welchen Nutzen bringt so ein Arbeiten?" Der Mann antwortete: „Es macht mich reich."

An diesem Abend dachte der wohlhabende Mann über dieses Gespräch nach, und es wurde ihm klar, wie dumm er war. Vom nächsten Tag an zahlte er hohe Löhne und erlaubte den Menschen, nach ihrer Kraft und Fähigkeit zu arbeiten.

Taoistisch

Katz' und Maus

Der Weise sah, wie eine Frau vor einer Hütte saß und bitterlich weinte. „Was ist los?", fragte der Weise. „Ich habe fünf Kinder, die brauchen Essen und Kleider", antwortete die Frau, „aber mein Mann gibt alles Geld in der Kneipe aus – und ist ständig betrunken."

Der Weise bat sie, dass sie ihn zur Kneipe brächte und ihm ihren Mann zeigte. Dann sagte der Weise ihr, sie solle nach Hause gehen und sich eine schwarze Katze von einem Nachbarn ausleihen und die Katze in ihr Haus einsperren.

Der Weise ging auf den Mann zu und sagte: „Wenn du weiter trinkst, wirst du dich in eine Maus verwandeln." Dann verließ der Weise die Kneipe. Der Mann, der nur leicht angetrunken war, bekam ein wenig Angst bei den Worten des Weisen, und für einige Augenblicke starrte er in seinen Humpen und überlegte sich, ob er das Trinken aufgeben sollte.

„Was ist los?" fragte ein anderer Trinker. Der Mann erzählte ihm, was der Weise gesagt hatte. „Hör' doch nicht auf so einen Unsinn", sagte der andere Trinker. „Lass uns die nächste Runde trinken." Und der Mann trank weiter wie gewohnt.

Als die Kneipe dann spät nachts zumachte, war der Mann sehr betrunken. Er stolperte zurück zu seiner Hütte, brauchte einige Zeit, bis er es schaffte, mit dem Schlüssel die Tür zu öffnen, und ging dann hinein. In der Dunkelheit konnte er sehen, wie die Augen der Katze ihn anstarrten.

„Friss mich nicht!", schrie er und rannte so schnell er konnte davon. Seine panische Angst machte ihn nüchtern, und er rannte weiter, bis er zu erschöpft war, um noch einen einzigen weiteren Schritt zu machen. Er verbrachte die Nacht unter einer Hecke – und er ging nie wieder zu der Kneipe zurück.

Keltisch

Die Wahrheit nicht sehen

Ein reicher Anwalt hatte nur ein Kind, eine äußerst hässliche Tochter. Obwohl sie dazu bestimmt war, all seinen Reichtum zu erben, zeigte kein Mann Interesse daran, sie zu heiraten. Daher wurde sie sehr niedergeschlagen – und der Anwalt merkte, dass sein eigenes Glück nur vollkommen sein könnte, wenn sie einen Mann finden würde.

Ein Arzt ließ sich in der Stadt nieder, in der der Anwalt und seine Tochter lebten. Er fand bald Anerkennung für seine Fähigkeiten, Krankheiten zu erkennen und zu behandeln – obwohl er blind war. Der Anwalt besuchte den Doktor, der allein lebte, und lud ihn zum Essen in sein Haus ein, wann immer es ihm beliebe. Der Arzt gewöhnte es sich bald an, zwei- oder dreimal die Woche im Haus des Anwalts zu essen und freundete sich auch mit der Tochter an.

Eines Tages sagte der Anwalt im Vertrauen zum Doktor: „Ich würde es als Ehre betrachten, wenn du es jemals in Erwägung ziehen würdest, meine Tochter zu heiraten. Und ich würde euch sehr gerne ein großes Haus bauen und die Hälfte meines Vermögens übergeben." Kurze Zeit später sprach der Arzt mit der Tochter des Anwalts darüber, und sie heirateten.

Der Doktor und seine hässliche Frau waren sehr glücklich zusammen. Dann erfuhr der Arzt von einem Krankenhaus in einer entfernten Stadt, das eine Behandlung für seine Form der Blindheit entwickelt hatte. Er beschloss, dorthin zu reisen.

Während er seine Abreise vorbereitete, kam der Weise in die Stadt und hörte von dem blinden Doktor und seiner hässlichen Frau und von der Behandlung, die der Arzt anstrebte. Der Weise ging, um den Doktor zu sehen, indem er vorgab, dass er eine Behandlung für einige leichte Beschwerden bräuchte.

Nachdem der Arzt ihm die entsprechende Medizin verschrieben hatte, verwickelte ihn der Weise in ein Gespräch über Philosophie.

Im Laufe des Gesprächs ließ der Weise die Bemerkung fallen: „Es gibt einige Fälle, da ist es ein Segen, wenn jemand die Wahrheit nicht sehen kann." Und gegen Ende des Gespräches fand der Weise wieder eine Gelegenheit, die Bemerkung zu wiederholen.

Nachdem der Weise gegangen war, überlegte der Arzt noch einmal, was der Weise gesagt hatte. Dann sagte er seine Reise ab.

Sufi

Zwei Staatsminister

Ein König ernannte einen Mann zum Staatsminister. Nach einigen Monaten im Amt kam der Mann zum Weisen und sagte: „Der König ist manchmal zögerlich und manchmal mutig, manchmal ruhig und manchmal ängstlich, manchmal sanft und manchmal hart. Wie soll ich auf seine wechselnden Stimmungen reagieren?" „Du hast die Wahl", antwortete der Weise. „Entweder du kannst deine Stimmung an seine anpassen, oder du übernimmst immer die entgegengesetzte Stimmung. Wenn du das erste machst, ist es zu deinem Vorteil, wenn du dich für das zweite entscheidest, ist es gut für deine Familie."

Der Mann liebte seine Familie sehr, also entschied er sich, immer die entgegengesetzte Stimmung des Königs zu vertreten. Wenn der König mutig war, war er zögerlich, und wenn der König zögerlich war, war er mutig. Wenn der König ängstlich war, war er ruhig, wenn der König ruhig war, war er ängstlich. Wenn der König hart war, war er sanft, wenn der König sanft war, war er hart. Im Ergebnis handelten sie gemeinsam also ausgeglichen und regierten so mit großer Weisheit.

Der König jedoch wurde dessen überdrüssig, dass sein Staatsminister ständig in der ihm entgegengesetzten Stimmung war, und er warf ihm vor, dass das abartig sei. Der Staatsminister gab zu, dass er seine Stimmungen gezielt änderte, und der König ließ ihn köpfen. Aber die Menschen erinnerten sich an diesen Staatsminister mit Dankbarkeit, und deswegen behandelten sie seine Familie mit großem Respekt und Entgegenkommen.

Der König ernannte einen anderen Mann zum Staatsminister. Nach einigen Monaten im Amt kam der Mann zu dem Weisen und sagte: „Der König ist manchmal zögerlich und manchmal mutig, manchmal ruhig und manchmal ängstlich, manchmal sanft und manchmal hart. Wie soll ich auf seine wechselnden Stimmungen reagieren?" „Du hast die Wahl", antwortete der Weise. „Entweder du kannst deine Stimmung an seine anpassen, oder du übernimmst immer die entgegengesetzte Stimmung. Wenn du das erste machst, ist es zu deinem Vorteil, wenn du dich für das zweite entscheidest, ist es gut für deine Familie."

Der Mann war ehrgeizig, also beschloss er, seine Stimmungen denen des Königs anzupassen. Wenn der König mutig war, war er mutig, und wenn der König zögerlich war, war er zögerlich. Wenn der König ängstlich war, war er ängstlich, und wenn der König ruhig war, war er ruhig. Wenn der König hart war, war er hart, und wenn der König sanft war, war er sanft. Im Ergebnis handelten sie extrem, und sie regierten mit großer Torheit.

Der König jedoch war glücklich, dass sein Staatsminister ihm mit solcher Sympathie verbunden war, und er gab ihm ein großes Haus, um darin zu wohnen. Schließlich starb der Mann, und die Menschen waren darüber begeistert. Der König nahm das Haus wieder an sich, und die Familie des Mannes musste in Armut leben.

Taoistisch

Wahrer Besitz

Ein älterer Kaufmann hatte sich im Laufe seines Lebens eine große Sammlung von Edelsteinen zugelegt – Rubine, Saphire und Smaragde. Er bewahrte sie in einer goldenen Schatulle auf, die er in einem Safe verwahrte.

In einem Jahr gab es eine schreckliche Hungersnot in der Gegend. Die Leute wussten von der Edelstein-Sammlung des Kaufmanns – und sie wussten, dass genug Geld da wäre, um Essen aus den benachbarten Gegenden zu kaufen, wenn die Edelsteine verkauft werden würden. Einige Leute brachten ihre verhungernden Kinder zum Haus des Kaufmanns und baten ihn um einen Edelstein, damit sie das Leben ihrer Kinder retten könnten, aber er weigerte sich hartnäckig.

Der Weise kam durch die Gegend, und die Leute erzählten ihm von dem geizigen Kaufmann. Also ging der Weise zum Haus des Kaufmanns und sagte: „Ich habe gehört, dass Sie eine wunderschöne Sammlung von Edelsteinen haben. Würden Sie es mir erlauben, dass ich sie einmal sehen dürfte?" Der Kaufmann war ein wenig misstrauisch. Aber er hatte mehrere kräftige Diener, die den Weisen packen könnten, falls er versuchen sollte, die Edelsteine zu stehlen. Und außerdem hatte er selbst die Steine seit Jahren nicht mehr betrachtet, und er dachte, dass er es auch genießen würde, sie wieder anzuschauen. Also hieß er den Weisen willkommen.

Vorsichtig nahm er die Goldschatulle aus dem Safe, stellte sie auf den Tisch und öffnete den Deckel. Dann verteilte er die Edelsteine auf dem Tisch. Sie funkelten so hell, dass sie den Raum mit Licht zu erfüllen schienen. Der Weise und der Kaufmann sahen sie mehrere Minuten an. Dann legte der Kaufmann sie wieder zurück in die Schatulle und stellte sie zurück in den Safe.

„Danke, dass Sie mir diese Edelsteine gegeben haben", sagte der Weise. „Aber ich habe sie Ihnen nicht gegeben!" erwiderte der Kaufmann empört. „Sie gehören mir." „Ich habe beim Betrachten der

Steine so viel Freude gehabt wie Sie", entgegnete der Weise. „Es gibt also keinen Unterschied zwischen uns – außer, dass Sie die Ausgaben hatten, um die Steine zu kaufen, und Sie haben die Sorge, dass Sie sie vor Diebstahl beschützen müssen."

Später an dem Tag nahm der Kaufmann die Schatulle heraus und ritt auf seinem Pferd durch die Gegend und verschenkte an jedes Haus einen Edelstein.

Keltisch

Der Bergpfad

Ein Gelehrter war recht stolz auf die Schärfe seines Verstandes, und er war überzeugt, dass er jedes Problem mit Hilfe der Logik lösen könne. Einmal hatte er eine lange Reise vor sich. Er kannte nur die erste Hälfte der Strecke, aber er war sich sicher, dass er die zweite Hälfte herausfinden könne, und von daher also sein Ziel sicher erreichen würde. So bestieg er seinen Esel und ritt los.

Die erste Hälfte endete in einer kleinen Stadt. Er ging zum Marktplatz und fragte nach dem wahrhaftigsten Einwohner und nach dem größten Lügner. Er dachte, dass er nun beide nach der Richtung zu seinem Ziel fragen könnte, und dann von dem wahrhaftigen Menschen den kürzesten und sichersten Weg hören würde und von dem Lügner den längsten und gefährlichsten.

Die Leute auf dem Platz stellten ihm den wahrhaftigsten Einwohner vor, und der Gelehrte fragte ihn nach dem besten Weg zu seinem Ziel. „Nimm den Bergpfad", sagte der wahrhaftige Mann. Die Leute stellten ihm dann den größten Lügner vor, und er fragte ihn dasselbe. „Nimm den Bergpfad", sagte der Lügner.

Der Gelehrte war verdutzt. Er fragte noch mehrere andere in der Stadt nach dem besten Weg zu seinem Ziel. Einige sagten: „Am Fluss entlang." Einige sagten: „Über die Felder." Und einige sagten: „Über den Bergpfad." Er blieb verwirrt.

Schließlich entschied er sich, den Bergpfad zu nehmen; und er erreichte sicher sein Ziel, eine große Stadt. Er ging zu einem Gasthaus für Essen und Unterkunft, und während er aß, erzählte er, was er in der kleinen Stadt erlebt hatte. Der Weise war in dem Gasthaus und hörte die Geschichte des Gelehrten.

Als der Gelehrte zu Ende war, sagte der Weise: „Dein Problem war, dass du dich nur auf deinen eigenen Verstand verlassen hast. Stattdessen hättest du versuchen sollen, die Gedankengänge der anderen zu verstehen."

Der Gelehrte war wieder verdutzt. Der Weise fuhr fort: „Der Fluss ist der einfachste Weg, und du hättest ganz einfach ein Boot mieten können; daher hat der Lügner den Bergpfad empfohlen. Der wahrhaftige Mann bemerkte, dass du einen Esel hast, was den Bergpfad leicht macht, und den Fluss unmöglich."

Sufi

Geld für Schmeicheleien

Der Weise kam in eine Stadt, in der es eine beträchtliche Anzahl an reichen Menschen gab, eine viel größere Anzahl an armen Menschen und sehr wenige dazwischen. Also beschloss er, seine Zeit damit zu verbringen, dass er von den Reichen Geld einsammelte, um Essen, Kleidung und Unterkunft für die Armen bereitstellen zu können. Seine Methode bestand darin, dass er den Reichen schmeichelte, und er war auch gerne dazu bereit, sich dafür vor ihnen zu verbeugen und zu verneigen.

Die Armen waren dankbar für die Hilfe, die sie von dem Weisen erhielten, aber fanden seine Methode beleidigend. Eines Tages sagte einer von ihnen zu ihm: „Diese reichen Leute sind dir weit unterlegen, in Weisheit, Gelehrsamkeit und Moral. Es ist doch sicher unter deiner Würde, dich vor ihnen zu verbeugen und zu verneigen." Der Weise lächelte und entgegnete: „Ich folge einfach der Ordnung der Natur. Kühe sind Menschen unterlegen an Weisheit, Gelehrsamkeit und Moral. Doch Menschen müssen sich vor Kühen verbeugen und verneigen, um sie zu melken."

Chassidisch

Medizinischer Rat

Ein wohlhabender Kaufmann wurde krank. Er war Ärzten gegenüber misstrauisch, und weigerte sich zuerst, einen zu rufen. Aber nach sieben Tagen erreichte seine Krankheit einen Höhepunkt, und seine Familie bestand darauf, einen Arzt zu rufen.

Der Arzt untersuchte den Kaufmann und erklärte dann: „Die Ursachen deiner Krankheit sind unregelmäßiges Essen, exzessive sexuelle Aktivität und die Anspannung wegen des Geschäfts. Wenn du also regelmäßig isst, dich beim Sex zurückhältst und dein Geschäft aufgibst, wirst du gesund werden." Trotz seiner Schwachheit schrie der Kaufmann: „Du bist ein Narr! Hinaus aus meinem Haus!"

Die Familie des Kaufmanns rief einen zweiten Arzt. Er untersuchte ihn und erklärte: „Die Ursache deiner Krankheit besteht darin, dass du im Mutterleib zu wenig Lebensflüssigkeit erhalten hast und von der Mutterbrust dann zu viel Milch. Die Krankheit kann also nicht geheilt werden." Der Kaufmann rief aus: „Du bist klug. Bleib doch zum Essen."

Die Familie des Kaufmanns war jetzt verzweifelt. Sie sandten dem Weisen eine Nachricht, erklärten ihm, was passiert war, und baten ihn, den Kaufmann zu besuchen. Der Weise sagte zum Kaufmann: „Indem du die Behandlung verweigerst, erhöhst du die Wahrscheinlichkeit, dass du an dieser Krankheit stirbst, aber du zeigst auch, wie es dir gar nichts ausmacht, ob du lebst oder stirbst. So sind also Torheit und Weisheit bei dir gleichmäßig ausbalanciert."

Der Kaufmann war über diese Worte des Weisen erstaunt. Und er begann, dem Rat des ersten Arztes zu folgen, und innerhalb von wenigen Tagen war er geheilt.

Taoistisch

Weisheit für einen Narren

Während seiner Regierungszeit hatte ein gewisser König viele Schlachten gegen seine Nachbarn gewonnen, und so hatte er sein Königreich stark vergrößern können und großen Reichtum angehäuft. Er betrachtete sich selbst als größten König auf Erden. Nun wünschte er, auch noch Weisheit zu erwerben. Also lud er den Weisen in sein Schloss ein, damit der ihn darin unterrichtete.

„Eure Majestät", sagte der Weise, „es ist äußerst schwierig, Weisheit zu erwerben, und es ist auch mit schmerzhaften Erfahrungen verbunden." „Unsinn", erwiderte der König. „Nachdem ich beinahe einen ganzen Kontinent erobert habe, kann ich leicht auch die Weisheit erobern. Ich befehle dir, sie mich zu lehren, ansonsten befehle ich, dass du hingerichtet wirst." „Also gut", antwortete der Weise, „aber ich bestehe darauf, dass unsere Unterweisung auf dem Hauptplatz deiner Stadt stattfindet – dann könntest du Erfolg haben." Der König stimmte bereitwillig der Bedingung zu, denn er erwartete, dass seine Untertanen darüber erstaunt sein werden, wie leicht er Weisheit erwerben könne, und daher würden sie ihn dann sogar noch mehr respektieren.

Am nächsten Tag ritt der König aus seinem Schloss zum Hauptplatz, wo der Weise ihn erwartete. Eine große Menge wartete dort. „Ich werde eine Reihe von Sätzen sagen", erklärte der Weise, „und nach jedem Satz musst du antworten: ‚Ich glaube es dir.'" „Das klingt einfach", antwortete der König mit einem selbstbewussten Lächeln auf seinem Gesicht.

„Dieses Königreich ist sehr groß", sagte der Weise. „Ich glaube es dir", antwortete der König. „Viele Menschen leben in diesem Königreich", sagte der Weise. „Ich glaube es dir", antwortete der König. „Seine Armee ist sehr stark", sagte der Weise. „Ich glaube es dir", antwortete der König. „Es wird von einem Narren regiert", sagte der Weise. „Das ist eine Lüge!", schrie der König.

„Ich habe dir gesagt, dass es schwierig ist, Weisheit zu erwerben", sagte der Weise und verschwand dann in der Menschenmenge. Der König fühlte sich so gedemütigt, dass er begann, weise zu werden.

Keltisch

Geschichten fürs Leben

Rafik Schami
Zeiten des Erzählens
Mit neuen zauberhaften Geschichten
Hrsg. von Erich Jooß
Band 4997

Der Erzählzauberer spielt mit alten Motiven und verwandelt sie spielerisch so, dass sie mitten ins heutige Leben sprechen.

Alexander Kostinskij
Der Sternenverkäufer
Geschichten, die erzählen, wie alles gut wurde
Band 5474

Parabeln, die zeigen, wie sich jedem Leben ein wenig Glanz und Hoffnung abgewinnen lässt. Voll Witz und hintergründiger Melancholie.

Joel ben Izzy
Der Geschichtenerzähler oder das Geheimnis des Glücks
Band 5597

Ein großes magisches Lesevergnügen über den Sinn des Lebens – mit einem wunderbaren Ende. Klug, warmherzig und hinreißend erzählt: Dieses Buch macht glücklich.

Anthony de Mello
Warum der Schäfer jedes Wetter liebt
Weisheitsgeschichten
Band 5660

Vorwiegend heiter: Geschichten aus dem richtigen Leben und für alle Wetterlagen. Im Klima der Globalisierung werfen universell-menschliche Erfahrungen ein ganz neues Licht auf unsere Möglichkeiten.

Anthony de Mello
Eine Minute Weisheit
Band 5663

„Es kann ein Leben lang dauern, bis die Augen geöffnet sind. Oft genügt jedoch ein Blitz, um zu sehen." Geschichten, tiefsinnig und hintergründig. Sie vermitteln blitzartig wesentliche Wahrheiten.

HERDER spektrum